AF140432

Herstellung und Verlag:
BoD - Books on Demand, Norderstedt
ISBN 978-3-7357-4021-2

BOTSCHAFTER DER LIEBE

EINE THEOLOGIE DER LIEBE IN 7 PREDIGTEN

Mit einem Geleitwort
von Dr. Lothar Gassmann

Johann Schoor

Inhalt

GELEITWORT

Geht es Ihnen auch so wie mir? Ich leide darunter, dass ich von mir aus nicht vollkommen lieben kann. Ich kann von mir aus nicht die Feinde lieben. Ich kann von mir aus nicht andere höher achten als mich selbst. Ich kann von mir aus nicht von Herzen gastfrei sein. Ich kann von mir aus nicht weinen mit den Weinenden, wenn ich im Grunde gerade fröhlich bin. Und ich kann von mir aus nicht fröhlich sein mit den Fröhlichen, wenn es mir zum Heulen zumute ist. Ich kann mich höchstens dazu zwingen. Aber ich kann es nicht von Herzen tun. Ich kann mich auch nicht selber demütig machen. Diese und weitere Früchte einer echten, ungeheuchelten Liebe kann ich - und können wir - nicht aus eigener Kraft hervorbringen. Gibt es dann aber noch Hoffnung für diese Welt? Hoffnung für eine echte, selbstlose, ungeheuchelte Liebe?

Ich antworte: Diese Hoffnung gibt es. Echte Liebe bekommen wir, wenn wir uns mit ihr beschenken lassen. Gott will uns diese Liebe schenken. Er gibt sie uns gratis. Er gibt sie uns, indem er durch seinen Geist in uns Wohnung nimmt und Früchte des Geistes, Werke des Glaubens durch uns hervorbringt.

Gottes Wort sagt uns: *„Darin besteht die Liebe: nicht, dass wir Gott geliebt haben, sondern dass er uns geliebt hat und gesandt seinen Sohn zur Versöhnung für unsere Sünden ... Lasst uns lieben; denn er hat uns zuerst geliebt"* (1. Johannes 4,10.19). Dieses Geheimnis findet sich auch in den folgenden Worten der Bibel besonders deutlich. Jesus Christus spricht: *„Ich bin der Weinstock, ihr seid die Reben. Wer in mir bleibt und ich in ihm, der bringt viel Frucht; denn ohne mich könnt ihr nichts tun"* (Johannes 15,5). Und der Apostel Paulus schreibt: *„Seid brennend im Geist! Dient dem Herrn! Seid* *fröhlich in Hoffnung, geduldig in Trübsal, haltet an im Gebet!"* (Römer 12,11f.).

Das heißt konkret: Ich von mir aus schaffe es nicht, jemanden zu lieben, der mir unsympathisch ist. Aber ich kann zu Gott beten. Ich kann Gott um Kraft bitten. Gottes Geist schafft es, die Liebe in mir zu erwecken - diejenige Liebe, die Mauern der Ablehnung, des Hasses und der Feindschaft überspringt. Er kann mein Denken, mein Handeln und meine Gefühle verändern. Er kann mich öffnen für Menschen, denen gegenüber ich mich gefühlsmäßig verschließen würde. Er kann mich befähigen, anderen mehr Ehre zu erweisen als mir selber. Er kann mein Herz öffnen, damit ich für andere offene Türen habe. Er kann mein Herz sogar für meine Feinde öffnen und das Herz meiner Feinde für mich. So, nur so ist Versöhnung möglich. Nur so ist Frieden möglich. Bitten Sie Gott doch um diese Kraft! Vertrauen Sie Ihr ganzes Leben seiner Liebe und Fürsorge an!

Sicherlich werden Sie und ich in dieser Welt keine vollkommene Liebe erlangen. Wir werden immer wieder versagen. Aber wir dürfen „fröhlich in Hoffnung" und „geduldig in Trübsal" uns an den klammern, der gekommen ist, um uns aus dieser Welt des Versagens zu erretten. An ihn, der wiederkommen wird, um uns zum Ziel der vollkommenen Liebe zu führen: Jesus Christus. Das Maß der Liebe hängt davon ab, wie weit wir ihm Raum in unserem Leben geben. Er steht an der Tür unseres Herzens und klopft an, damit wir ihm auftun. Er kann uns verwandeln. Er kann uns bei eigenem Versagen wieder aufhelfen. Er kann zerbrochene Beziehungen heilen.

Johann Schoor aus Linz (Österreich), den Autor dieses Buches, habe ich als einen liebevollen und hilfsbereiten Menschen kennengelernt. Er besitzt nach meinem Eindruck die Kompetenz, über dieses herausfordernde Thema „Liebe" zu schreiben. Ich habe seine Predigten mit geistlichem Gewinn gelesen und wünsche seinem Buch viele aufmerksame Leserinnen und Leser und weite Verbreitung. Möge dadurch die Liebe zu Gott und zum Nächsten in unserem Land und in unseren Gemeinden neu angefacht gestärkt werden.

Dr. theol. Lothar Gassmann, Pforzheim

Vorwort

Die ersten Christen waren Botschafter der Liebe und eroberten mit dieser Botschaft die Welt in einer Weise, die in der Geschichte einzigartig ist. Noch nie wurde nämlich irgendetwas in der Welt ohne Gewalt und ohne Nötigung erobert. Christen waren die ersten, die in völliger Gewaltlosigkeit, aber mit großem missionarischem Eifer ihre Botschaft verkündigten. So ließen sie sich lieber schmähen, einkerkern oder sogar töten, als diese Liebe zu verleugnen, die sie in ihrem Herrn Jesus Christus empfangen haben.

In dieser Liebe waren sie aber nicht nur der Gewalt abgeneigt, sondern auch der Fürsorge zugetan. Denn Gottesliebe und Nächstenliebe gehörte für sie zusammen. Ihre Diakonie kam allen Armen und Schwachen zugute. Da sie nicht wollten, dass sich ein abhängiges Bettlertum in der Gemeinde entwickeln sollte, waren sie sogar die ersten „Arbeitsämter". Jedes Mitglied der Gemeinde wurde versorgt und gemäß seinen Gaben wertgeschätzt in ihre Gemeinschaft eingebunden. Aber auch Außenstehenden half man, soweit man dazu in der Lage war. Im langsam untergehenden römischen Imperium war die Liebe der Christen ein Fels in der Brandung und überdauerte die Zeit der Antike.

Es wird Zeit, umzukehren zu einer Theologie der Liebe und Botschafter der Liebe zu werden. Da die Liebe selbstlos ist, dient sie nicht einer berechnenden Ausweitung gesellschaftlichen Einflusses, sondern ausschließlich dem, der Hilfe und Errettung braucht. Wenn wir diese Liebe wieder leben und verkündigen, brauchen wir uns um unser eigenes Überleben keine Gedanken mehr zu machen. Salz, das noch Kraft hat, wird nicht weggeworfen, und ein Christentum der Liebe kann angefeindet, aber niemals überwunden werden.

Was aber ist christliche Liebe? In sieben Predigten habe

ich dies meiner Gemeinde zu lehren versucht und will diese Botschaften nun einem größeren Kreis zugänglich machen. Die Serie ist so aufgebaut, dass sie leicht verständlich beginnt. Die ersten drei Predigten sind evangelistisch, dann folgt eine Weiterführung im Thema, über die Milch bis zur festen Speise, deshalb ist das Buch auch geeignet an Andersgläubige weitergegeben zu werden. Mögen dadurch viele zum lebendigen Glauben finden. Aber auch solche die bereits viele Jahre gläubig sind, werden viel überraschendes entdecken.

Liebe für Anfänger.

Die Geschichte vom barmherzigen Samariter – Lukas 10:25-37

Was ist denn eigentlich Liebe? Fragen wir zunächst irgendwelche Leute, einfach Menschen auf der Straße oder in unserem Bekanntenkreis; dann werden wir jede Menge Antworten bekommen. Jeder weiß etwas zu dem Thema und es gibt eine Unmenge von Sprüchen, meist irgendwie scherzhaft, aber irgendwie doch ernst gemeint.

Eine Zeit lang waren Comics mit den *„Liebe ist ...“* – Sprüchen recht beliebt. Eine Menge guter und schlechter Sprüche wurden da erfunden. Einer der plausibelsten Sprüche schien mir der zu sein, der unter dem Bild eines netten alten Ehepaares gestanden hat:

„Liebe ist: miteinander alt werden zu wollen.“

Das ist schön, das wollen wir alle. Auch wenn die hohe Scheidungsrate manchmal daran zweifeln lässt, dass das so leicht gelingen könnte, so ist es doch das, was jeder will, wenn er einen Ehebund eingeht. Es wird nicht viele geben, die sich verheiraten, in dem Bewusstsein, sich in ein paar Jahren wieder scheiden zu lassen. Nein, das stellen wir uns unter Liebe nicht vor. Das Ideal der Liebe ist immer noch, miteinander alt werden zu wollen. Doch wenn es dann nicht klappt, war es dann keine Liebe, sondern nur eine Täuschung?

So kann uns dieser Spruch also nicht wirklich befriedigen. Wenn alle das gleiche wollen, aber nur ein Teil es erreicht — und die Scheidungsrate liegt derzeit bei nahezu 50% — dann muss noch mehr dahinter stecken. Dann kann dieser fromme Wunsch, miteinander alt werden zu wollen, doch höchstens ein Teilaspekt der Liebe sein.

Aber immerhin ist diese Aussage noch eine der klügeren. Es

gibt eine ganze Reihe anderer „Liebe ist... – Sprüche", die wesentlich dümmer erscheinen, wenn man nur ein wenig über sie nachdenkt. Ich habe einmal im Internet nachgeschaut, was für Sprüche es noch so gibt und drei der meiner Meinung nach dümmsten Sprüche herausgesucht, die ich gefunden habe:

Einige der dümmsten »Liebe ist ...« Sprüche

Liebe ist: *„Sie die neuen Tapeten aussuchen zu lassen".*

Ganz abgesehen davon, dass in solchen Fragen sowieso meistens die Frauen den Ton angeben, möchte ich mir lieber nicht vorstellen, was passiert, wenn sie nach Hause kommt und sagt: Schatz, sieh mal diese wunderschönen Blümchentapeten, die ich für Dein Arbeitszimmer ausgesucht habe! Wenn eine Frau ihren Mann liebt, dann wird sie doch wohl eher mit ihm zusammen Tapeten kaufen gehen, damit sie sich schließlich beide wohl fühlen in ihrer gemeinsamen Wohnung.

Ein anderer Spruch, Liebe ist: *„wenn Ihm nichts wichtiger ist, als ein Kuss zwischendurch".*

Man stelle sich vor: Montag morgen, Er sagt zu Ihr: Liebling, ich gehe heute nicht zur Arbeit, zu Hause kann ich dich besser zwischendurch küssen und das ist mir das Wichtigste. Das kann ja wohl auch nicht wirklich funktionieren. So sehr ein Kuss das Leben versüßt, gibt es doch noch Wichtigeres im Leben.

Oder der: *„Liebe ist: Ihr morgens zu sagen, wie blendend sie aussieht."*

Ein Paar in den 40ern, der Wecker schrillt, beide erheben sich schlaftrunken aus dem Bett und er sagt zu ihr: *„Na, du siehst ja heute wieder blendend aus".* Wie schön! Da kann man nur hoffen, dass ihm das ohne sarkastischen Unterton entfährt, sonst gibt es wohl Krach.

Sicherlich ist das alles ja eher scherzhaft gemeint. Aber es ist schon eigenartig, dass das Thema Liebe – durch die Zeiten der Menschheitsgeschichte immer ein Dauerbrenner – so sehr im Mittelpunkt des Interesses steht, und man dennoch so wenig Kluges zu diesem Thema zu hören bekommt. Ich glaube, wir brauchen wirklich ein Buch. Eines, das uns in das ABC der Liebe einweiht. Oder einen Lehrer, einen echten Profi, der in Sachen Liebe mit allen Wassern gewaschen ist. Freut euch – es gibt beides! Einen Lehrer und ein Buch dazu. Der Lehrer ist Jesus Christus und das Buch ist die Bibel, das Buch der Bücher! Sie gibt uns freilich nicht nur zum Thema Liebe Auskunft, aber auch dazu und zwar nicht zu knapp.

Aus der Fülle der Texte, die uns dieses Thema nahebringen, habe ich einen herausgesucht, der uns das Thema von einer besonders fundamentalen Seite erläutert. Wirklich das ABC der Liebe, Liebe für Anfänger sozusagen. Es ist das wohlbekannte Gleichnis vom barmherzigen Samariter.

Lukas 10. 25-37 [1]

25 Und siehe, ein Gesetzesgelehrter trat auf, versuchte ihn und sprach: Meister, was muß ich tun, um das ewige Leben zu erben? **26** Und er sprach zu ihm: Was steht im Gesetz geschrieben? Wie liest du?

27 Er aber antwortete und sprach: »Du sollst den Herrn, deinen Gott, lieben mit deinem ganzen Herzen und mit deiner ganzen Seele und mit deiner ganzen Kraft und mit deinem ganzen Denken, und deinen Nächsten wie dich selbst!«

28 Er sprach zu ihm: Du hast recht geantwortet; tue dies, so wirst du leben!

29 Er aber wollte sich selbst rechtfertigen und sprach zu Jesus: Und wer ist mein Nächster?

30 Da erwiderte Jesus und sprach: Es ging ein Mensch von Jerusalem nach Jericho hinab und fiel unter die Räuber; die zogen ihn aus und schlugen ihn und liefen davon und ließen ihn halbtot liegen, so wie er war. **31** Es traf sich aber, dass ein Priester dieselbe Straße hinab zog; und als er ihn sah, ging er auf der anderen Seite vorüber. **32** Ebenso kam auch ein Levit, der in der Gegend war, sah ihn und ging auf der anderen Seite vorüber.

33 Ein Samariter aber kam auf seiner Reise in seine Nähe, und als er ihn sah, hatte er Erbarmen; **34** und er ging zu ihm hin, verband ihm die Wunden und goss Öl und Wein darauf, hob ihn auf sein eigenes Tier, führte ihn in eine Herberge und pflegte ihn. **35** Und am anderen Tag, als er fortzog, gab er dem Wirt zwei Denare und sprach zu ihm: Verpflege ihn! Und was du mehr aufwendest, will ich dir bezahlen, wenn ich wiederkomme.

36 Welcher von diesen Dreien ist deiner Meinung nach nun der Nächste dessen gewesen, der unter die Räuber gefallen ist? **37** Er sprach: Der, welcher die Barmherzigkeit an ihm geübt hat! Da sprach Jesus zu ihm: So geh du hin und handle ebenso!

---

1   alle Bibeltexte stammen aus der Schlachter 2000 Übersetzung.

DIE WICHTIGSTE FRAGE

Wir haben uns am Beginn mit der Frage beschäftigt: Was ist Liebe? Nun sehen wir aber, dass ein Schriftgelehrter oder Gesetzeslehrer zu Jesus kam und ihm eine ganz andere Frage stellte, nämlich die nach dem ewigen Leben. Die Juden glaubten ja schon vor den Christen, dass es ein Weiterleben nach dem Tod gibt und dass die Qualität dieses ewigen Lebens ganz wesentlich davon abhängt, wie unser Leben hier, auf dieser Erde verlaufen ist. So war die Frage nach dem Wesen der Liebe eigentlich nicht die wichtigste Frage für diesen Mann. Wichtig war es, zu wissen, was man getan haben muss, um diese höchste Qualität des Lebens, den Aufenthalt in der Gegenwart Gottes, im Himmel zu erreichen und nicht in der Hölle zu landen.

Der Schriftgelehrte hatte diese Frage nicht deshalb gestellt, weil er nicht Bescheid wusste, sondern weil er Jesus auf die Probe stellen wollte. Er war Jesus nicht wohlgesonnen und hoffte auf einen Versprecher Jesu, oder dass dieser irgendetwas Falsches sagen würde, was er und seine Genossen dann gegen ihn verwenden könnten. Das geschah nicht das erste Mal und es war für Jesus ein leicht durchschaubares Spiel.

Jesus antwortete, wie das oft der Fall war, mit einer Gegenfrage: Was sagt dir die Schrift dazu? Und der Gesetzeslehrer antwortet sehr korrekt. *„Du sollst den Herrn deinen Gott lieben aus deinem ganzen Herzen und mit deiner ganzen Seele und mit deiner ganzen Kraft und mit deinem ganzen Verstand und deinen Nächsten wie dich selbst."*

DIE ANTWORT

Die Antwort ist bemerkenswert, weil sie eigentlich so in einem Zug *nicht* im Gesetzestext steht. Der erste Teil von der Liebe zu Gott steht in 5. Mose 6, der zweite Teil von der Nächstenliebe in 3. Mose 19.18. Aber die Kombination dieser beiden Aussagen ist die exakte Zusammenfassung alles dessen, was das Gesetz aussagt. Das hat auch Jesus schon an anderer Stelle gesagt und es scheint irgendwie zum theologischen Allgemeinwissen der damaligen Zeit gehört zu haben. Also nicht die 10 Gebote waren das Wesentliche, wie wir denken würden. Diese sind ja nur ein kleiner Ausschnitt aus einer ganzen Fülle von Vorschriften und Geboten, die alle im Pentateuch, den fünf Büchern Moses zu finden sind. Wenngleich aber die 10 Gebote auch ein sehr wichtiger Teil sind, weil sie allgemeingültige moralische Normen auflisten, so vermögen sie doch nicht wirklich zu erklären, worauf es ankommt. Und auf was kommt es an?

ES KOMMT AUF DIE LIEBE AN!

Du sollst lieben: Gott und den Nächsten! Also ist diese wichtigste Frage des Lebens, nämlich der, was nach dem Tod kommt, direkt verknüpft mit der Frage der Liebe. Ja die Tatsache, ob und in welcher Weise wir geliebt haben, ist unmittelbar bedeutend dafür, ob es für uns einen Himmel gibt oder nicht. Die Liebe ist der Himmel auf Erden, hat man auch schon gesagt. Sie ist aber viel mehr: Sie ist der Himmel schlechthin, in diesem und im ewigen Leben.

Doch wir wissen nun immer noch nicht, *was* Liebe ist. Wir wissen aus dem, was der Schriftgelehrte gesagt hat und was Jesus bestätigte, nur, auf wen sich diese Liebe beziehen soll. Liebe hat ja immer etwas mit Beziehungen zu tun, und so ist es auch immer die Frage, worauf oder auf wen sich die Liebe bezieht.

Die Liebe zu Gott

Zuerst einmal soll sie sich auf Gott beziehen. Und zwar in einem nicht geringen Maße. Es geht hier nicht um ein wenig

Liebe, sondern um Liebe im höchsten Maße, die Gott von uns Menschen fordert: von ganzem Herzen, mit meinem ganzen Leben, mit aller Kraft und voller Hingabe. Das ist die Forderung - und wir müssen eigentlich dabei zutiefst erschrecken, denn wer kann dem gerecht werden?

Der Herr Jesus sagte doch zu dem Schriftgelehrten: Tu das, so wirst du leben! Geht das überhaupt so einfach? Nun, die Schriftgelehrten damals dachten eher, dass das keine Probleme bereiten sollte. Denn für sie bedeutete, Gott zu lieben, das zu tun, was Gott in dem Gesetz verlangte, das sie durch Moses empfangen hatten. Mit ein bisschen Mühe, so waren sie überzeugt, waren diese religiösen Vorschriften einzuhalten. So waren sie auch hauptsächlich damit beschäftigt, exakt zu interpretieren, wie das in der Praxis auszusehen hat und peinlichst genau darauf zu achten, dass jeder sich daran hielt. So sahen sie in diesem ersten Teil der Forderung kein Problem. Ob es wirklich Liebe zu Gott war, was sie da taten, wollen wir erst mal dahingestellt sein lassen - zumindest waren sie davon überzeugt, dass sie dies aus Liebe zu Gott taten.

Liebe zum Nächsten

Dennoch war das Gewissen der Schriftgelehrten damals nicht so rein, wie sie es sich gerne gewünscht hätten. Denn es war kein Geheimnis, dass sie mit dem zweiten Teil der Forderung, den Nächsten zu lieben wie sich selbst, mehr Probleme hatten, als mit dem ersten Teil. Was den alltäglichen Umgang mit den Menschen betrifft, hatten sie nicht den besten Ruf. Sie galten als arrogant und kaltherzig und es war offensichtlich, dass sie hier echte Defizite hatten. Es ist ja nicht so leicht, Menschen gegenüber Liebe zu heucheln, wenn man sie nicht wirklich hat.

Irgendeinem Gott nach bestimmten Gesetzlichkeiten zu dienen, scheint nicht so extrem schwer zu sein. Es braucht zwar ein wenig Muße und Selbstdisziplin, aber man bekommt das schon hin, zumindest wenn man der Typ dafür ist. Man kann sich in einen religiösen Lebensstil einüben. Doch die Forderungen der Menschen um einen herum, ihre Ansprüche und Bedürfnisse ernst zu nehmen, das ist eine ganz andere Sache. Wie einer schon einmal gesagt hat: Mit Gott habe ich keine Probleme, nur sein Bodenpersonal nervt mich gewaltig. Ja, die Nerven - sie offenbaren es und zeigen sehr bald, ob man wirklich Liebe hat, oder nicht.

EINE WEITERE FRAGE

So ist nun die Liebe zu Gott in unserer Geschichte kein Thema mehr. Aber die Liebe zum Nächsten schon. Der Schriftgelehrte wollte sich rechtfertigen, heißt es im Text. Warum eigentlich? Hat Jesus ihm zu tief in die Augen geschaut, als er zu ihm sagte: Tue das! - sodass er sich ertappt fühlte? Jedenfalls rechtfertigte er sich, ohne von Jesus verbal angeklagt worden zu sein - und das ist ein Zeichen, dass sein Gewissen angeschlagen hat. Er rechtfertigt sich also mit der Frage: **Wer ist denn mein Nächster?**

Diese Frage war ja in gewisser Hinsicht berechtigt. Denn wir dürfen nicht vergessen, dass die Juden damals beileibe nicht jeden Menschen als Nächsten betrachteten. In modernen Übersetzungen wird manchmal statt Nächster „Mitmensch" verwendet. Das halte ich für falsch, weil dies verschleiert, dass dieser Begriff eine inhaltliche Wandlung erfahren hat. Bei Nächster wird das noch deutlich, wenn wir uns den eigentlichen Wortsinn ins Bewusstsein rufen. Der Nächste ist der uns Nahestehende. So sahen dies auch die Juden. Wir meinen heute mit Nächster aber Jeden. Ursprünglich war jedoch nicht jeder damit gemeint. Erst die christliche Tradition hat diesen Begriff anders tradiert, nicht zuletzt gerade wegen des Gleichnisses vom barmherzigen Samariter. Im Christentum nämlich galt immer, der Nächste wäre Jedermann.

Ein österreichischer Politiker hat in seiner populistischen Wahlkampagne dies in Frage gestellt, indem er auf Plakaten den Slogan drucken ließ: *„Liebe deine Nächsten"* und darunter verlauten ließ: *„Für mich sind das unsere Österreicher"* Dieser Parteipolitiker hat dafür zurecht viel Kritik geerntet. Er, der sich gelegentlich auch schon mal mit dem Kreuz in der Hand als Retter des christlichen Abendlandes darstellte, hat nämlich damit eine uralte christliche Definition mutwillig abgeändert, in der Hoffnung ein paar Stimmen mehr zu bekommen. Er hat dabei, wahrscheinlich unbewusst, nichts anderes getan, als auf die alte jüdische Deutung des Nächsten-Begriffes zurückzugreifen, die wie selbstverständlich darunter nur die eigenen Volksgenossen verstand und selbst das war zur Zeit Jesu, unter einer römischen Besatzungsmacht, mit der viele Juden kollaborierten, in Frage gestellt.

Stellen wir nun also fest, dass der Schriftgelehrte allen Grund hatte, diese Frage zu stellen. Denn der Nächste war in seinen Augen nur einer, der ihm nahe stand. Bei solcher Unterscheidung aber erhebt sich tatsächlich die Frage: Wo ziehen wir denn da die Grenze? Ist der vom Glauben abgefallene Volksgenosse auch noch mein Nächster? Von den Samaritern ganz zu schweigen, diese waren ja ein Mischvolk. Zur Zeit der assyrischen Vertreibung waren einige Israeliten im Lande geblieben und hatten sich mit zugewanderten Heiden vermischt. Das war den Juden ein Gräuel. Nie und nimmer hätten sie dieses „Gesindel" als Nächste angesehen. Die Pharisäer hatten vielleicht sogar schon Probleme, die liberalen Sadduzäer – die von der anderen Denomination – als Nächste zu akzeptieren.

Aber wir wissen nicht, ob der Schriftgelehrte ein Pharisäer oder ein Sadduzäer war, jedenfalls war das nun wirklich eine schwierige Frage für ihn: Wer ist mein Nächster? Und weil sie eigentlich nicht zu lösen war, darum konnte sich der Schriftgelehrte auch so schön in seiner Lieblosigkeit hinter ihr verstecken. Diese Frage in ihrer scheinbaren Unlösbarkeit diente ihm damit einfach als Rechtfertigung.

DIE ULTIMATIVE ANTWORT

Doch da hatte er Jesus unterschätzt. Denn wider Erwarten weiß Jesus eine Antwort auf diese Frage - und die liegt in dem Gleichnis des barmherzigen Samariters.

Es ist ja sehr bekannt, dieses Gleichnis. So bekannt, dass man es eigentlich nicht zu erzählen braucht. Aber leider führte dies auch dazu, das es darüber eine sehr falsche Meinung gibt. Nämlich die vom grundsätzlich bösen jüdischen Kleriker und dem grundsätzlich edlen Samariter. Ein solches Pauschalurteil lässt aber der Text gar nicht zu, wenn er im Zusammenhang betrachtet wird.

Ein Kapitel vorher wird nämlich erwähnt, wie Jesus mit seinen Jüngern durch samaritanisches Land zieht, und die Samariter ihm die Herberge verweigern, weil sie ihn als einen Juden identifiziert hatten. Das war damals keine Kleinigkeit, denn die Gesetze der Gastfreundschaft waren streng - und jemanden Nachts alleine im Freien zu lassen, in einem fremden Land, war beinahe ebenso verwerflich wie das Liegenlassen eines Verwundeten am Straßenrand. So ist es nun wichtig, zu sehen, dass es sich um *einen* barmherzigen Samariter handelte, der wohl auch eher die Ausnahme als die Regel war. Denn dieses Gleichnis sagt gar nichts über die Qualität der Gesinnung von irgendwelchen Volksgruppen aus, sondern es geht um etwas ganz anderes.

Vergessen wir also einmal, wer die Beteiligten waren, und konzentrieren wir uns darauf, was da eigentlich geschehen war. Was ist das wesentliche Element dieser Geschichte? Ein

Mensch fällt unter die Räuber und wird schwer verwundet. Die wahrscheinlichste Ursache, unterwegs verletzt zu werden, war damals, unter die Räuber zu fallen. Heute ist es viel wahrscheinlicher, einen Unfall zu haben, als unter Räuber zu fallen. Wie auch immer, wesentlich ist, dass da einer liegt, hilflos hingestreckt und ganz offensichtlich nicht mehr in der Lage, sich selbst zu helfen. Ja, es muss befürchtet werden, dass er die Nacht nicht mehr überleben werde, wenn ihm nicht geholfen würde.

Dann gehen an diesem Verunglückten Leute vorüber. Die ersten zwei gehen vorbei und kümmern sich nicht um ihn. Nicht dass sie ihn nicht gesehen hätten. Es steht ja da: als sie ihn sahen, gingen sie an der entgegen gesetzten Seite vorüber. Sie wechselten also die Straßenseite, machten einen Bogen um ihn herum und vermieden es, genauer hinzusehen. Sie wollten eher wegsehen als hinsehen.

Der dritte aber tat nicht so. Er hielt Kurs auf den Verwundeten zu und sah ihn da liegen, halbtot in seinem Blut. Und da heißt es: Er wurde innerlich bewegt! Luther übersetzte: es jammerte ihn. Das heißt, dass er Mitleid hatte mit diesem Mann und aus einer tiefen Herzensbewegung heraus beschloss er, ihm zu helfen.

Die anderen beiden wussten sicher auch um die Möglichkeit, herzu zu treten und im Angesicht des Elends nicht anders zu können, als Barmherzigkeit zu üben. Dieser Gefahr wollten sie sich gar nicht erst aussetzen, deshalb gingen sie ja auf die entgegengesetzte Seite und sahen weg. Dadurch aber verstießen sie gegen das Gebot der Nächstenliebe - das war klar, darüber gab es überhaupt keine Diskussion. Wegsehen ist mitschuldig werden! Was bei dem Priester und dem Leviten passierte, ist, dass sie schuldig wurden durch ihr Verhalten, sich nur um ihre religiösen Belange zu kümmern, aber nicht um ihre Mitmenschen um sie herum. Sicher halfen sie, wenn sich jemand in ihrer Nähe, den sie zweifelsfrei als Nächster anerkannten, in Not befand. Aber die meiste Zeit schauten sie weg: stur nach oben, gen Himmel, um sich nur ja nicht zu viel mit den Nöten dieser Welt auseinandersetzen zu müssen.

Jesus hat einmal zu den Jüngern gesagt: Wenn ihr nur denen Gutes tut, die Euch Gutes tun, was tut ihr da Besonderes. Tun das nicht auch die Sünder und Heiden? Ja, es stimmt: Solches *Gutes tun* ist nichts besonderes, jedermann tut es an denen, von denen er erwarten kann, dass sie sich in irgendeiner Weise revanchieren. Mit Nächstenliebe hat das nichts zu tun. Der barmherzige Samariter aber zeigt es uns, was Nächstenliebe ist. Er sah hin, ließ sich von der Not des Daniederliegenden erfassen und half ihm, ohne auch nur den geringsten Nutzen davon zu haben. Er hatte nicht einmal die Ehre, denn wenn seine eigenen Landsleute erfahren würden, dass er einem Juden geholfen hat, dann würden ihn die meisten für verrückt erklären. Doch das zählte nicht; er war von Mitleid erfüllt worden und musste seinem Herzen folgen, das ihn dazu trieb, die Hilfe nicht nur auf das Notwendigste zu beschränken, sondern sie nachhaltig zu betreiben, bis zur völligen Wiederherstellung des Verwundeten.

Nicht nur, dass er Erste Hilfe leistete, indem er Öl und Wein in die Wunden goss und diese verband, er übernahm auch den Verwundetentransport auf seinem eigenen Tier. Vielleicht musste er selbst dann sogar zu Fuß gehen. Und schließlich bezahlte er noch die Pflege in einer geeigneten Herberge, denn Krankenhäuser gab es ja damals noch nicht.

LIEBE IST...

Was ist also Liebe? Wie beantworten wir diese Frage mit dem Gleichnis des barmherzigen Samariters? **„Liebe ist: sich von der Not des Anderen bewegen zu lassen"** - und zwar nicht nur emotional, sondern bis zur letzten Konsequenz des notwendigen Handelns. Und die Schriftgelehrte wussten dass es so war. Er hatte keine Ausflüchte mehr. Wer der andere ist, spielt überhaupt keine Rolle. Barmherzigkeit zu üben, das war eine Verpflichtung gegenüber Jedermann, das war auch dem Theologen klar, der Jesus gegenüber stand. Und er wusste wahrscheinlich auch, dass er sich dem schon oft entzogen hatte, wie der Priester und der Levit. Entzogen durch einfaches Wegschauen; auf die andere Seite gehen; sich lieber mit Gott zu beschäftigen, als mit Menschen.

Doch in Wirklichkeit gehört das untrennbar zusammen: die Liebe zu Gott und die Liebe zum Nächsten. Wie sehr das zusammengehört, wurde später deutlich, als Jesus sich am Ende seiner Wirksamkeit ans Kreuz nageln ließ, starb und durch seine Auferstehung bewies, dass er der von Gott gesandte Erlöser war. Was hat das mit dem barmherzigen Samariter zu tun?

DER BARMHERZIGE GOTT

Nun, wir wissen, dass der Mensch von Gott getrennt ist. Darüber braucht man nicht viele Worte zu verlieren. Es ist offensichtlich. Gott ist nicht präsent und die Menschheit liegt darnieder, wie der unter die Räuber gefallene Wanderer. Wir möchten auch am liebsten wegschauen und uns in eine heile Welt flüchten. Doch es ist offensichtlich, dass die Not auf der Welt zum Himmel schreit - und wir werden auch täglich durch die Medien daran erinnert, wenn wir nicht wegschalten zu irgend einem Programm, das uns eine fiktive Scheinwelt bietet.

Es ist leicht, zu sehen, und es ist leicht, wegzuschauen. Wenn wir aber sehen, dann erkennen wir: die Geschichte der Menschen ist doch eine lange Abfolge von Blut- und Mordgeschichten, angefangen bei Kain und Abel, bis zum globalen Terrorismus der Postmoderne - und es ist kein Ende der Tragödie abzusehen. In dieser Geschichte sind wir Opfer und Täter zugleich. Menschen lieben Menschen nicht. Sie verachten sie - und ehe sie ihnen helfen, wünschen sie ihnen lieber den Tod, wenn dies ihren eigenen Interessen dient. Die Unfähigkeit zu lieben, ist aber das Argument für die Notwendigkeit einer Erlösung für den Menschen schlechthin.

Und sage nicht: „Ich bin da eine Ausnahme. Ich bin ja religiös, ich tue recht und scheue niemanden. Ich glaube an Gott und liebe ihn." Gerade die religiösen Führer des Volkes Israels waren besonders hartherzig. Sie wandten sich ab, wenn sie in die Nähe der Not kamen. Es ist so leicht, sich abzuwenden, selbst von der Not seiner eigene Volksgenossen, Freunde und Familienmitglieder. Es ist so leicht, unbarmherzig zu sein, nicht nur dem Fremden gegenüber oder dem Penner auf der Straße. Unbarmherzig trennen sich jährlich fast 50 % von ihrer Familie und lassen ihren Ehepartner und ihre Kinder hartherzig in Stich. Unbarmherzig tobt oft der Kampf am Arbeitsplatz. Wer da Schwäche zeigt, hat schon verloren. Selbst wenn wir keine Ahnung hätten von den Hungernden in Afrika usw. Es gibt auch in unserer unmittelbaren Umgebung genügend Gelegenheit wegzuschauen, die Schotten dicht zu machen und sich nicht bewegen zu lassen von der Not des anderen.

Es sollte eigentlich klar sein, dass es in dem Gleichnis nicht um Hilfestellung für Verbrechensopfer geht. Es geht um einen Menschen in Not - ob diese Not selbstverschuldet ist oder nicht. Ob sie physischer oder psychischer Art ist, das ist alles nebensächlich. Ja eigentlich auch, ob er Dir Nahe steht oder nicht. Man kann mit seiner eigenen Frau und den Kindern unbarmherzig sein. Aber niemand sollte behaupten zu lieben, der keines Mitgefühls fähig ist, der sich von der Not eines anderen Menschen nicht bewegen lässt. **Barmherziges**

Mitfühlen ist das ABC der Liebe. Das ist es, was das Gleichnis sagt.
Während wir aber weggesehen haben, hat Gott hingesehen und seinen Sohn Jesus Christus gesandt. Er sah die Not der Menschen auf Erden. Er hätte sich auch abwenden und diese Menschheit ihrem Schicksal überlassen können - wer hätte ihn dafür zur Rechenschaft ziehen können? Doch er tat es nicht. Es jammerte ihn, er hatte Mitleid - und so kam Jesus, um das Opfer zu bringen, durch das wir heil werden können. Heil zu einem neuen Leben in reiner wahrer Liebe, nach der wir uns doch alle so sehr sehnen.

Warum wird so viel von Liebe in der Welt gesprochen und ist so wenig sichtbar davon? Die Antwort ist einfach: Weil wir in Sachen Liebe von Natur aus „Anfänger" sind. Wir verstehen nichts davon. Wenn wir an Liebe denken, dann denken wir doch eigentlich immer nur an uns selbst, oder? Es ist doch auffällig, dass es dabei immer nur höchstens um eine Zweierbeziehung geht. Selbst Kinder sind dabei nicht mehr maßgebend. Viele Paare wollen gar keine Kinder mehr - oder höchstens eines – denn die könnten ja das gemeinsame Glück stören. Was für eine Dummheit. Wenn wir Menschen nicht so angelegt wären, dass wir uns einsam fühlten, wenn wir alleine sind, dann würden wir das Glück noch nicht einmal mehr in einer Zweierbeziehung suchen, sondern nur mehr bei uns selbst, in der Eigenliebe. Liebe ist... das meint doch meistens nur: „Was soll der andere tun, damit ich mich von ihm geliebt fühle, damit ich glücklich werde."
Aber Liebe ist etwas ganz anderes. Etwas was wir von Natur aus nicht haben, aber sehr wohl lernen können. Wichtig ist nur, den richtigen Lehrer zu haben und das richtige Lehrbuch. Und in Wirklichkeit gibt es nur einen der kompetent ist, uns ein Leben der Liebe zu lehren. Dieser eine ist Jesus. Auf ihn

allein gilt es zu schauen. Er ist unser Vorbild und derjenige, der uns von unserer Selbstsucht befreien kann.

Du sehnst Dich nach Liebe? Klar doch, jeder tut das. Frage: wo holst Du Dir Deine Ratschläge in Sachen Liebe? Sind es die Freunde mit ihren Sprüchen? Sind es irgendwelche Zeitschriften oder Fernsehsendungen, Talk- oder Reality Shows, oder sind es Liedertexte, die Deine Meinung über Liebe prägen? Lass Dir gesagt sein, wenn es so ist, dann wirst Du scheitern. Es gibt nur ein Lehrbuch, das kompetent ist, das ist die Bibel.

Darum möchte ich Dich heute auffordern eine ganz einfache Entscheidung in Deinem Herzen zu treffen, die mit einem einfachen Gebet verbunden ist. Wenn Du das tust und Dich dann konsequent auch mit Jesus und seinem Wort beschäftigst, dann hast Du alle Chancen, in Sachen Liebe nicht ein „Anfänger" zu bleiben, sondern ein Profi zu werden. Wenn Du das willst, dann mache dies Gebet zu Deinem Gebet.

„Vater im Himmel, ich habe heute erkannt, dass ich ein großes Defizit in meinem Herzen habe. Ich bekenne, dass ich Deinen Anforderungen nicht gerecht geworden bin, dass ich bei Liebe immer eher an mich gedacht habe, als an meinen Nächsten. Darum bitte ich Dich Herr Jesus, sei Du ab heute mein Lehrer und Meister. Weihe mich ein in die Geheimnisse Deiner Liebe und mache aus mir einen Menschen, der andere in selbstloser Weise lieben kann. Ich vertraue Dir und Deinem Wort. Amen!"

Wenn Du dieses Gebet in Deinem Herzen gesprochen hast, dann möchte ich Dich ermutigen, dies jemanden mitzuteilen und ein Gespräch darüber zu führen, wie sich Dein zukünftiges Leben gestalten könnte.

Ich wünsche Dir ein Leben in Liebe. Denn Liebe ist wirklich das einzige, was zählt. Sie ist das, was nicht nur uns selbst glücklich macht, sondern auch unsere Welt verändern kann.

Die nächsten Kapitel des Buches mögen Dir dabei helfen, in dieser wichtigsten Disziplin Meister zu werden.

VATERLIEBE

NACH DEM GLEICHNIS VOM VERLORENEN SOHN – LUK 15. 11-32

Im Laufe unseres Lebens gibt es viele Abschnitte, in denen sich alles immer wieder verändert. Wir beginnen gewöhnlich in großer Abhängigkeit und sind ganz auf unsere Eltern ausgerichtet. Ohne sie könnten wir die ersten Jahre unseres Lebens gar nicht überleben. Aber selbst wenn wir schon laufen, sprechen, selbständig essen und viele andere Dinge mehr können, bedürfen wir immer noch unserer Eltern, weil unsere geistige und persönliche Reife noch nicht so weit ist, dass wir selbständig leben könnten.

Wenn wir etwa einem Zehnjährigen sagen würden, er soll sich nun selber durch das Leben schlagen, dann könnte er das vielleicht sogar rein materiell schaffen, aber in seiner Persönlichkeitsentwicklung würde er mit Sicherheit Schaden nehmen. Erst mit der Pubertät beginnt allmählich der Loslösungsprozess von unseren Eltern und selbst dann braucht es gewöhnlich noch einige Jahre, bis dieser abgeschlossen ist. Normalerweise streben wir also nach Unabhängigkeit ab einem gewissen Alter. Es fällt auf, dass der Mensch das Lebewesen ist, bei dem dieser Entwicklungsprozess am längsten dauert. Bei den anatomisch mit uns vergleichbaren Säugetieren geht das in der Regel viel schneller.

Der Loslösungsprozess, das Selbständig-Werden eines Jugendlichen ist also etwas ganz Selbstverständliches. Darüber brauchen wir nicht zu sprechen. Aber bedeutet diese Selbständigkeit auch absolute Autonomie? Wie viel Einfluss bleibt den Eltern noch, und haben die Kinder das Recht, sich sogar ganz von ihren Eltern abzuwenden? Ich denke, wir würden als Eltern nicht wollen, dass sich unsere Kinder mit ihrem Auszug von zu Hause auch innerlich von uns abwenden. Noch viel weniger kämen wir im Normalfall auf den Gedanken unseren Kindern zu sagen: „Lieber Sohn, liebe Tochter. Du bist jetzt alt genug, pack deine Sachen und verschwinde, ich will dich nicht mehr sehen." Da unterscheidet uns denn doch noch etwas von vielen Tieren, die ihre Jungen oft im wahrsten Sinne des Wortes aus dem Nest werfen.

Die Liebe des Menschen ist mehr als Affenliebe, sie ist nicht so angelegt, dass sie Beziehungen so einfach vergessen könnte. Dass sich Beziehungen verändern, das können wir akzeptieren, das ist der Lauf des Lebens und jeder hat schließlich sein eigenes Leben, sein Schicksal und das ist auch gut so. Aber wenn Beziehungen zerbrechen, dann schmerzt uns das und es geht uns gegen unsere Natur. Wir wollen keinen Scherbenhaufen der Beziehungen. So wollen wir als Eltern auch mit unseren Kindern in Kontakt bleiben, mit ihnen Gemeinschaft haben, Anteil an ihrem Leben gewinnen, die Enkelkinder auch noch kennenlernen und ein wenig verwöhnen, oder sich ganz einfach mit ihnen zusammen vergangener schöner Zeiten erinnern.

Und doch passiert es gar nicht selten, dass Eltern-Kind-Beziehungen in einer Weise beendet werden, die nichts als diesen Scherbenhaufen zurücklassen mit viel Leid und Tränen.

Die Bibel berichtet uns auch von solch einer gescheiterten Beziehung, wir finden diese Geschichte im Lukasevangelium.

Lukas 15. 11-32
11 Und er sprach: Ein Mensch hatte zwei Söhne. 12 Und der jüngere von ihnen sprach zum Vater: Gib mir den Teil des Vermögens, der mir zufällt, Vater! Und er teilte ihnen das Gut. 13 Und nicht lange danach packte der jüngere Sohn alles zusammen und

reiste in ein fernes Land, und dort verschleuderte er sein Vermögen mit ausschweifendem Leben. **14** Nachdem er aber alles aufgebraucht hatte, kam eine gewaltige Hungersnot über jenes Land, und auch er fing an, Mangel zu leiden. **15** Da ging er hin und hängte sich an einen Bürger jenes Landes; der schickte ihn auf seine Äcker, die Schweine zu hüten. **16** Und er begehrte, seinen Bauch zu füllen mit den Schoten, welche die Schweine fraßen; und niemand gab sie ihm.

17 Er kam aber zu sich selbst und sprach: Wie viele Tagelöhner meines Vaters haben Brot im Überfluss, ich aber verderbe vor Hunger! **18** Ich will mich aufmachen und zu meinem Vater gehen und zu ihm sagen: Vater, ich habe gesündigt gegen den Himmel und vor dir, **19** und ich bin nicht mehr wert, dein Sohn zu heißen; mache mich zu einem deiner Tagelöhner! **20** Und er machte sich auf und ging zu seinem Vater. Als er aber noch fern war, sah ihn sein Vater und hatte Erbarmen; und er lief, fiel ihm um den Hals und küsste ihn. **21** Der Sohn aber sprach zu ihm: Vater, ich habe gesündigt gegen den Himmel und vor dir, und ich bin nicht mehr wert, dein Sohn zu heißen! **22** Aber der Vater sprach zu seinen Knechten: Bringt das beste Festgewand her und zieht es ihm an, und gebt ihm einen Ring an seine Hand und Schuhe an die Füße; **23** und bringt das gemästete Kalb her und schlachtet es; und lasst uns essen und fröhlich sein! **24** Denn dieser mein Sohn war tot und ist wieder lebendig geworden; und er war verloren und ist wiedergefunden worden. Und sie fingen an, fröhlich zu sein.

25 Aber sein älterer Sohn war auf dem Feld; und als er heimkam und sich dem Haus näherte, hörte er Musik und Tanz. **26** Und er rief einen der Knechte herbei und erkundigte sich, was das sei. **27** Der sprach zu ihm: Dein Bruder ist gekommen, und dein Vater hat das gemästete Kalb geschlachtet, weil er ihn gesund wiedererhalten hat! **28** Da wurde er zornig und wollte nicht hineingehen. Sein Vater nun ging hinaus und redete ihm zu. **29** Er aber antwortete und sprach zum Vater: Siehe, so viele Jahre diene ich dir3 und habe nie dein Gebot übertreten; und mir hast du nie einen Bock gegeben, damit ich mit meinen Freunden fröhlich sein kann. **30** Nun aber, da dieser dein Sohn gekommen ist, der dein Gut mit Huren vergeudet hat, hast du für ihn das gemästete Kalb geschlachtet!

³¹ Er aber sprach zu ihm: Mein Sohn, du bist allezeit bei mir, und alles, was mein ist, das ist dein. ³² Du solltest aber fröhlich sein und dich freuen; denn dieser dein Bruder war tot und ist wieder lebendig geworden, und er war verloren und ist wiedergefunden worden!

„*Ein Mensch hatte zwei Söhne*", erzählte Jesus. So beginnt also unser Text. Dass Jesus eine Geschichte erzählte war ja nichts Außergewöhnliches, die Gleichnisse des Herrn sind berühmt, jeder kennt sie, sie gehören zur Weltliteratur. Aber Jesus war auch sonst bekannt für eine bildhafte, lebendige Sprache, auch dann wenn er nicht in Gleichnissen sprach. Das kam daher, dass er wollte, dass ihn das einfache Volk verstand, daher nahm er seine Bilder aus dem Alltag dieses Volkes und machte ihnen damit die Wahrheiten über Gott verständlich.

Dieses Gleichnis des verlorenen Sohnes ist aus einer Reihe von drei Gleichnissen entnommen, die Jesus hintereinander erzählte. Es ist das dritte Gleichnis in dieser Reihe, in der Jesus lehrte, wie bedeutend der Mensch Gott im Himmel ist. Dabei geht es um eine der existentiellsten Fragen die uns bewegen, mehr noch als die Frage, ob es überhaupt einen Gott gibt! Die Frage ob es einen Gott gibt, stellt sich den meisten Menschen ohnehin nicht, weil sie einfach davon ausgehen. Es gibt nämlich eine Intuition des Menschen über die Existenz Gottes, ein inneres Wissen darum. Viel mehr bewegt uns aber die Frage, wie dieser Gott zu uns steht - und mit uns meinen wir nicht etwa die Menschheit allgemein, sondern uns ganz persönlich: Wie steht Gott zu dir und zu mir?

DAS SCHAF UND DIE MÜNZE

Die anderen beiden Gleichnisse, die diesem vorangehen, möchte ich kurz erzählen, damit wir den Text auch in seinem Zusammenhang erfassen. Zuerst spricht Jesus vom verlorenen Schaf: Ein Hirte hatte 100 Schafe. Davon geht ihm eines verloren. Daraufhin verlässt er die 99 anderen, um dieses eine zu suchen. Als er es gefunden hat, ruft er seine Freunde und feiert mit ihnen ein Fest.

Schon in diesem Gleichnis geht es Jesus darum, den Charakter Gottes zu zeigen. Gott ist nicht einer, der nur das Ganze sieht und dem der Einzelne nichts gilt. Das eine Schaf wird in dem Moment, wo es verloren geht, für den Hirten geradezu zum wichtigsten Schaf vor allen anderen. So ist auch ein einzelner Mensch in seiner Verlorenheit, für Gott zur Zeit das wichtigste Thema. Gott trauert um jeden verlorenen Menschen und ist auf der Suche nach ihm. Das konnten die Schriftgelehrten nicht verstehen. Wer ist denn so ein Sünder und ein Zöllner, dass sich einer mit ihm beschäftigt, der sich als von Gott gesandt bezeichnet? (Während er die einflussreichen Pharisäer oft links liegen ließ) Jesus sagt es eindeutig: Der Sünder ist der, den Gott sucht, und wenn er Buße tut, dann hat Gott sein Ziel erreicht. Er hat das Verlorene gefunden und die Freude im Himmel ist riesengroß.

Das zweite Gleichnis handelt von der verlorenen Münze: Eine Frau hat 10 Silbermünzen. Eine davon verliert sie und das verursacht bei der Frau einen regelrechten Anfall von Putzwütigkeit. Sie stellt buchstäblich das ganze Haus auf den Kopf, bis sie die eine wiedergefunden hat. Warum denn dieser Aufwand, könnte man fragen, sie hat doch noch neun andere, die sehen alle einer wie der andere aus. Aber diese Frage ist natürlich unsinnig, denn es ist klar, dass jede einzeln Münze zählt.

Das Ganze ist ja mehr als die Summe seiner Teile und wenn ein Teil fehlt, dann gibt es auch nicht mehr das Ganze. Jeder Teil ist wichtig, und der Teil, der verloren ist, ist am Wichtigsten, vor allen anderen Teilen. So zählt auch bei Gott jeder Einzelne. Von den vielen Milliarden Menschen, die bereits auf der Erde leben, und von denen, die zuvor gelebt haben und die noch leben werden, bist DU vielleicht der eine Verlorene, den Gott noch sucht und auf den er noch wartet, damit die Summe der Geretteten voll wird. Dafür ist Jesus gekommen, um Dir das zu sagen. Hast du dir das schon einmal durch den Kopf gehen lassen?

Aber nun kommen wir zum dritten Gleichnis. Was dieses Gleichnis von den anderen unterscheidet, ist seine Dramatik. „Der verlorene Sohn" ist eigentlich schon eine richtige kleine Geschichte, mit einer dramatischen Handlung die man von vielen Seiten beleuchten kann und – Gott sei Dank – mit einem Happy End. Wir lieben ja alle Geschichten mit Happy End.

So können wir die Geschichte in ihrer Mehrschichtigkeit zerlegen und können sie von der Seite des einen Sohnes und dann des anderen und schließlich vom Standpunkt des Vaters aus betrachten - es würde uns nicht langweilig werden und wir würden viele Facetten entdecken, die tatsächlich mit unserem Leben etwas zu tun haben und die sehr lehrreich sind.

Aber ich denke, dass dieses Gleichnis, auch wenn es ein bisschen länger und komplexer ist als die anderen, eigentlich auch nur eine Hauptaussage hat, auf die uns Jesus vor allem aufmerksam machen wollte - und diese möchte ich versuchen herauszustreichen.

Allgemein ist dieser Text als das Gleichnis vom verlorenen Sohn bekannt. Ist es aber wirklich er, der die Hauptrolle spielt und auf den es ankommt? Wenn es Jesus nur um den einen Sohn ging, der den Vater verließ und dann reumütig wieder zurückkehrt, dann hätte sich Jesus die Erwähnung des zweiten Sohnes ersparen können. Die wäre von diesem Standpunkt aus gar nicht wichtig gewesen.

In manchen Übersetzungen steht daher der Titel „*Die zwei verlorenen Söhne*". Das klingt einleuchtender. Dazu muss ich erklären, dass im Originaltext der Bibel die einzelnen Abschnitte überhaupt nicht betitelt sind. Das sind Hinzufügungen der Übersetzer, die das Auffinden der Texte erleichtern sollen. Aber mich befriedigt auch dieser Titel nicht. Denn eigentlich geht es ja gar nicht um die Söhne, sondern es geht um den Vater. Deshalb habe ich meine Predigt über den verlorenen Sohn einmal überschrieben mit dem Titel: *„Der einsame Vater"*

DER EINSAME VATER

Denn obwohl noch immer ein Sohn bei ihm war, so erkennen wir doch, dass der Vater die eigentliche tragische Figur ist in der Szene, denn der eine Sohn ist fort und amüsiert sich, während der andere Tag und Nacht schuftet. Der Vater aber steht alleine da, Tag für Tag, und hält Ausschau nach seinem verlorenen Sohn. Das ist daran zu erkennen, dass er den Heimkehrenden schon von weiten erkennt. Er scheint all' die Jahre auf ihn gewartet zu haben, der einsame Vater.

Aber beleuchten wir die Szene ruhig einmal von der Seite des verlorenen Sohnes: betrachten wir diesen Mann einmal etwas genauer. Wer ist er? Er ist ein junger Mensch, wie jung wissen wir nicht, aber das ist nicht so wichtig. Jedenfalls ist es ein Mann, der sich von seinen Eltern lösen will. Wir haben es schon am Anfang erwähnt, dass darin noch nichts Ungewöhnliches liegt, noch nicht einmal darin, dass er ins Ausland ging - es gibt Väter, die ermutigen ihre Söhne dazu, im Ausland ihr Glück zu versuchen. Das besondere an dem Fall ist, wie der Sohn sich verabschiedete. Bevor er nämlich aufbrach, da begehrte er seinen Anteil vom Familienvermögen.

DIE ABRECHNUNG

Das sieht doch sehr nach einer Abrechnung aus, da will einer einen Schlussstrich ziehen. So verabschiedet man sich normalerweise nicht von seinen Eltern, so kündigt man vielleicht in einer Firma, mit der man weiter nichts mehr zu tun haben will. Gib mir alles, was mir zusteht Vater, denn ich will nicht mehr von Dir abhängig sein. Das ist nicht mehr mein Zuhause. Ich gehe meine eigenen Wege! Woher kam das? War das noch im Rahmen des natürlichen Ablösungsprozesses akzeptabel?

Vielleicht war das für die Menschen damals noch viel schlimmer als für uns heute, obwohl es auch für heutige Verhältnisse außergewöhnlich ist, dass ein Mensch vor der Zeit sein Erbe ausbezahlt haben will. Doch damals bedeutete dies mit Sicherheit eine eklatante Missachtung des Vaters, ja eine Beleidigung, eine öffentliche Bloßstellung. In der Regel taten Söhne damals bis zum dreißigsten Lebensjahr was der Vater sagte. Aber dieser Sohn nicht, er wollte fort um sein eigenes Leben zu leben. Warum eigentlich? Konnte er das nicht auch in der gleichen Stadt oder zumindest im gleichen Land wie sein Vater?

Diese Frage ist nicht allzu schwer zu beantworten. Er wollte sein Leben in vollen Zügen genießen, wie er es offensichtlich in der Gegenwart des Vaters nicht konnte. So egal war ihm der Vater nun auch wieder nicht, dass er in seiner Gegenwart sein Geld verprasste. Im Ausland war man nicht der Peinlichkeit ausgesetzt, von den Verwandten und Bekannten beobachtet zu werden, da konnte er viel besser tun und lassen was er wollte.

Die schwierigere Frage, die sich uns stellt, ist vielmehr: Warum hat der Vater dem Sohn überhaupt sein Erbe ausbezahlt?

Das war damals sicherlich nicht gängige Praxis und auch heute würden vermutlich die wenigsten ihren Kindern ein Erbe aushändigen, wenn sie wüssten, dass diese eine leichtsinnige Lebensart bevorzugen. Doch wir haben in unserem

Gleichnis genau das ausgesagt und es stellt sich die Frage, was uns wohl Jesus damit über den Vater lehren wollte? Wenn wir noch einmal an die anderen beiden Gleichnisse denken, dann erkennen wir, dass es in diesem Gleichnis um eine persönliche Beziehung geht. Die verlorene Silbermünze war ein Ding, das war schön und man konnte es lieben, wie man eben ein Ding liebt. Man konnte es aber eigentlich nur besitzen. Zu einem Schaf, einem Tier, kann man schon eine gewisse Beziehung haben. Aber es ist ein Tier und das hat auch Grenzen, Das Schaf interessiert in Wirklichkeit nur das Fressen und es wird gehalten wegen seiner Nützlichkeit.

Aber hier geht es um zwei Personen, die in der Lage sind, eine Beziehung in sehr unterschiedlicher Intensität zu pflegen. Von völliger Trennung bis zur innigen liebevollen Gemeinschaft ist alles möglich. So gilt das auch für die Beziehung zwischen Gott und einem Menschen. Eine der Hauptaussagen dieses Gleichnisses ist, dass Gott unser Vater ist, das sagt uns Jesus hier ganz klar. Vater ist Gott im Sinne der Schöpfung. Er hat uns geschaffen um mit uns Gemeinschaft zu haben. Wenn er wollte, könnte er uns dazu zwingen. Doch im Unterschied zu vielen menschlichen Vätern verhält sich Gott anders. Das ist es, was das Gleichnis an dieser Stelle aussagt, wenn der Vater dem Sohn das Vermögen aushändigt. Nimm es, ich zwinge dich nicht bei mir zu bleiben, deine Beziehung zu mir soll freiwillig sein.

Eine Liebesbeziehung kann nur auf gegenseitiger absoluter Freiwilligkeit beruhen. Deshalb ließ der Vater den Sohn gehen. Er gab ihm seinen Anteil, weil er nicht wollte, dass sich der Sohn auch nur einen Tag lang unfreiwillig in seiner Gegenwart aufhielt.

Kein Mensch auf Erden ist gezwungen, mit Gott zu leben, ihn zu suchen und eine Beziehung zu ihm aufzubauen. Viele Menschen halten das auch so und leben gottlos. Sie werden deshalb von Gott nicht benachteiligt. Gott zwingt den Gottlosen nicht etwa durch Krankheit oder unentrinnbare Schicksalsschläge dazu, ihm zu folgen. Die Bibel sagt dazu: *„Er lässt seine Sonne aufgehen über Böse und Gute und lässt regnen über Gerechte und Ungerechte."* (Mat. 5.45)

DAS ERBE

Du hast also Dein Erbe ausbezahlt bekommen. Deine Gaben, deine Fähigkeiten, dein soziales Umfeld, dein Geld und alles was dein Leben reich und angenehm macht, betrachte es als das Erbe das Gott dir zugeteilt hat. Du kannst damit tun was du willst! Und es ist erstaunlich, was der Mensch alles ohne Gott zu tun imstande ist. Die Kultur des Menschen gibt davon ein gewaltiges Zeugnis. Wir stehen nicht nur staunend vor den Werken Gottes, sondern gelegentlich auch vor denen des Menschen. Der Mensch vermag viel auch ohne Gott zu tun. Zu seinem Erbe gehört auch ein wacher Geist und klarer Verstand. Was immer Du willst, Du kannst es erreichen, wenn du es willst.

Aber du sollst wissen, wenn das Erbe verprasst ist, dann bleibt dir nichts mehr übrig. Alles was Du je genossen hast, oder was Du geschaffen hast und worauf sich Dein Selbstbewusstsein gründete, es wird vergehen und nichts wird bleiben. Wie dir das vermeintliche Glück zwischen den Fingern zerrinnt, das wirst Du ganz zwangsläufig erleben. Und das ist die Tragödie des Menschen ohne Gott, des Sohnes ohne den Vater: dass seine Kapazität nicht ausreicht. Das Vermögen ist einmal verbraucht, die Kräfte versiegen und der Glanz vergeht.

Und dann? Dann verlieren sich die Bewunderer des verlorenen Sohnes ganz schnell und wenden sich anderen neuen Stars zu. Die Freunde waren nur Kumpane und lassen ihn im Stich, wenn die Party zu Ende ist. Das heißt, eigentlich ist sie zunächst nicht zu Ende, aber er kann nicht mehr bezahlen, deshalb ist er raus, und so landet er auf der Straße, hungert und friert und weiß nicht, wo er seine müden Glieder ausstrecken soll. Jeder noch so dreckige Platz wird ihm verwehrt. Wo sind sie hin, die alten Zeiten, als alles noch so easy war. Als er noch im coolen Outfit durchs Leben surfte? Aber es kommt noch schlimmer. Eine Hungersnot bricht aus. Die Zeiten der Geschichte, die uns wieder lehren, dass wir aufeinander angewiesen sind. Wir mögen in guten Zeiten dem Individualismus frönen. Aber wenn die Ressourcen wieder knapper werden – wehe dem, der dann keine Freunde und Verwandte hat, die einem aushelfen. Der verlorene Sohn hatte nun niemanden mehr, denn er war ja im Ausland, auf familiäre Bindungen konnte er nicht zurückgreifen. Aber selbst wenn er zurückkehrte, er hatte das Recht, Sohn zu sein, verwirkt. Was ihm zustand, hatte er verspielt. Nun hatte er die Folgen zu tragen.

DIE RÜCKKEHR DES SOHNES

Doch da kommt ihm eine rettende Idee. Sicher, sein Vater war ihm nichts mehr schuldig, aber durfte er nicht doch wenigstens auf seine Barmherzigkeit rechnen, dass er ihn als Hilfsarbeiter in seinen Dienst nahm? Dann brauchte er wenigstens nicht zu hungern. Das wollte er versuchen, ging hin und es stellte sich heraus, dass der Vater während der ganzen Zeit schon darauf gewartet hatte, dass der Sohn eines Tages zurückkehren würde.

Der einsame Vater wartet, dass der Sohn nach Hause kommt. Der Sohn weiß das nicht, aber er kommt und erkennt nun wohl zum ersten mal wie sehr der Vater ihn liebt. Denn ihm wird nicht die Stelle als Hilfsarbeiter angeboten, sondern er wird wieder als Sohn eingesetzt mit all den Ehren, die er eigentlich überhaupt nicht verdient hat. Vielleicht kann man sogar sagen, der Sohn hat erst jetzt gemerkt, dass er überhaupt einen Vater hat. Bis dahin war Vater für ihn nur ein Wort, eine unbedeutende Randfigur in seinem Leben. Aber nun erkannte er, dass er diesem Vater eigentlich alles zu verdanken hat. Nun hat er den Vater in seiner Liebe erkannt.

Damit wollte Jesus uns Menschen zeigen, wie Gott wirklich zu unserer Sünde steht. Ganz gleich, wie weit wir sind in der Verschwendung unseres Lebens, wir dürfen zu Gott kommen und werden von ihm angenommen, wie der verlorene Sohn vom Vater, ganz gleich, was unsere Vergangenheit ist. Freilich stehen wir vor ihm wie die Bettler. Aber wir werden dennoch angenommen.

DIE WIEDEREINSETZUNG ALS SOHN

Das ist der Vater im Himmel, wie Jesus ihn uns in diesem Gleichnis zeigt. Er hält Ausschau nach dir. Wann kommst du?

Aber vielleicht denkst Du: Ich bin ja schon da, doch was habe ich davon? Ich glaube an Gott, bete zu ihm, gehe Sonntag für Sonntag in den Gottesdienst. Aber bist Du wirklich beim Vater, oder nur in seinem Haus. Das bringt uns zum zweiten Sohn. Der war zwar da, aber für den Vater war er trotzdem auch verloren. Was unterscheidet denn den einen Sohn vom anderen?

Der eine war in das Ausland gegangen und hat dort sein Erbe verprasst – alles auf den Kopf gestellt. Er war ein schwerer Sünder, der unverzeihliche Fehler begangen hatte - und dafür sollte er eigentlich bezahlen müssen. Der andere aber war geblieben und hat alles, was ihm der Vater anvertraut hatte, bewahrt. Er hat gearbeitet, ja geschuftet und in seinem Verhalten konnte nichts gefunden werden, was dem Vater Schande bereitet hat.

Doch das Verhalten des zweiten bei der Rückkehr seines

Bruders bringt es ans Licht, dass auch der zweite Sohn nicht mit dem Vater eins war: Er hört von weitem schon, da wird ein Fest gefeiert. Er war erstaunt, denn das war nicht alltäglich, da musste sich etwas Besonderes ereignet haben. Ein Angestellter des Vaters gibt ihm die gewünschte Auskunft: *„Dein Bruder ist zurückgekehrt.“* Doch das erfreut ihn gar nicht, sondern macht ihn nur wütend. Als er dann noch erfährt, dass der beste Ochse im Stall deswegen geschlachtet wurde, da war das Fass übergelaufen.

„Armer einsamer Vater", dies zeigt doch, wie sehr auch der zweite Sohn während der vielen Jahre zwar körperlich anwesend, aber doch dem Herzen des Vaters so fern war, sonst hätte er nicht in der Stunde, da der Vater sich so sehr freute, so erzürnt sein können.

Wir können doch auch jahrelang ein religiöses, einwandfreies und tadelloses Leben führen, aber ist es das, was Gott von uns will? Wie nahe sind wir seinem Herzen? Wie nahe bist du dem Herzen Gottes, während du im Gottesdienst sitzt? Du bist da und willst deine sonntägliche Pflicht tun, aber empfindest du auch, was der Vater empfindet? Bist du bei ihm, wenn er Ausschau hält nach denen, die noch draußen sind in der Finsternis? Oder hast du Besseres zu tun? Irgendjemand muss sich ja um dies und das im Hause Gottes kümmern und du schuftest wie ein guter Sohn eben schuftet.

Wenn das so ist, dann kannst du dich auch nicht wirklich freuen, wenn Menschen in deiner Gemeinde auftauchen, die ein bisschen anders sind als du. Zu Jesus waren eine ganze Menge Zöllner und Sünder gekommen - und das störte die religiösen Führer im Lande. Als sie Jesus dafür kritisierten, dass er eigentlich den ganzen Abschaum anzog mit seiner Art, da war das der Anlass für Jesus, diese drei Gleichnisse zu erzählen.

Der zweite Sohn hätte ja auch gerne ein Fest gefeiert. Aber ihm ging es dabei nicht um den Vater. Wie sagte er doch: *„Du* *hast mir kein Tier gegeben, damit ich mit meinen Freunden feiere.“* Das Anliegen, mit seinem Vater zu feiern, hatte er anscheinend nicht, der sollte nur bezahlen. Die Freunde des zweiten Sohnes mögen sehr korrekte Menschen gewesen sein, wie dieser selbst: keine Saufkumpane, wie bei dem anderen. Dennoch standen sie zwischen dem Vater und dem Sohn.

Auch die Pharisäer und Schriftgelehrten hätten gerne mit Jesus gefeiert, damit der Glanz seiner Popularität ein wenig auf sie abfärbt. Aber da sie kein Herz für die Menschen hatten, sondern nur für ihre eigenen selbstsüchtigen Interessen, konnten sie auch nicht nachempfinden, wie Jesus fühlte, als all die Menschen zu ihm kamen. Sie standen draußen und freuten sich nicht mit ihm.

„*Der einsame Vater*“, das ist eigentlich das Thema dieses Gleichnisses. Warum kein Übersetzer darauf gekommen ist und es so betitelt hat, weiß ich nicht. Vielleicht scheuen wir uns ein wenig davor, Gott solche Attribute zuzusprechen, die uns so menschlich und gar nicht göttlich vorkommen. Aber Tatsache ist, dass Jesus hier von einem einsamen Vater spricht und damit Gott meint.

Wie steht es um uns? Sind wir noch auf der Flucht vor dem liebenden Vater, um unseren egoistischen Traum von Freiheit und Autonomie zu verwirklichen? Oder haben wir schon gemerkt, alles nur eine Illusion war und wir unser Erbe verspielt haben, oder dabei sind es zu tun.

Vielleicht waren wir uns aber bis jetzt auch unserer Sache ganz sicher, wir haben Gott unseren Vater genannt, das fromme Vokabular gut einstudiert und aufgepasst, dass wir nur angenehm auffallen. Aber ist unser Herz auch wirklich all diese Jahre bei Gott gewesen, eines Sinnes mit dem Vater?

Wie sieht Deine Gemeinschaft mit dem Vater aus? Welcher von den beiden Söhnen bist Du? Und wann kehrst Du um? Jesus hat uns den liebenden Vater gezeigt. Er hat uns einen einzigartigen Blick in das Herz Gottes machen lassen. Wie sollten wir noch weiterleben, als ob wir Waisen wären oder Verstoßene.

Komm zu ihm! Er will mit dir ein Fest feiern. Er will dir die Bettlerlumpen oder die Arbeitskluft abnehmen, je nach dem, und dir alles geben, was du brauchst, um wie ein Sohn zu leben und nicht wie Schweinehirten oder einer seiner Arbeiter.

Möge Gott uns befreien aus der Sklaverei der Selbstsucht und der Eitelkeit, zu einem Leben der liebevollen Beziehungen zu Gott und den Menschen. Wenn Du Dich in der Rolle des einen oder des anderen Sohnes wiedergefunden hast, dann bete zu Gott (Beispiel S.30) und erwidere seine Liebe.

Retterliebe

Was ist an einem schönen warmen Frühlingstag, bei dem die Sonne scheint und wir nach einem langen Winter zum ersten mal wieder im Garten sitzen oder in der freien Natur spazieren gehen, was ist an so einem Frühlingstag eigentlich so Besonderes?

Ich glaube, dass ich den Frühling an seinem Geruch erkennen könnte, selbst wenn ich blind wäre. Es ist ein Geruch von reiner Luft, von Leben und von Auferstehung. Wenn wir dann die wunderschönen Frühlingsblüher und das zarte Grün in unseren Gärten betrachten, dann wird diese Empfindung zur Gewissheit: Das Leben ist neu erwacht! Was noch ein halbes Jahr vorher in der Farbenpracht des Herbstes würdevoll erstorben war – mit einem ganz anderen Geruch, leicht modrig und etwas süßlich – was wir dann viele Monate nicht mehr sahen, bedeckt mit weißem Schnee, oder unter offen darnieder liegenden abgestorbenen Pflanzenresten, das ist nun wieder da: das Leben! Die Pflanzen, sie sind auferstanden.

Jesus Christus hat uns gesagt (Joh. 12. 24)
„Wenn das Weizenkorn nicht in die Erde fällt und stirbt, bleibt es allein; wenn es aber stirbt, bringt es viel Frucht.“

Tod und Auferstehung scheinen ein unveränderliches Prinzip zu sein, über das wir uns immer wieder wundern, obwohl es sich doch täglich rund um uns herum abspielt. Ostern, das Fest der Auferstehung, haben wir von den Kalendermachern ja so passend in den Frühling hineingelegt bekommen, dennoch sind nur wenige Menschen wirklich willens, von sich aus eine sinnvolle Verbindung herzustellen und zu begreifen, worum es bei Auferstehung geht.

Überall, wo wir auch hinsehen, ist es eine sterbende Welt und ist es eine auferstehende. Und so gerne wir das Leben betrachten und es festhalten möchten, ganz darauf konzentriert, um zu verhindern, dass es jemals zu Ende geht; so sehr wir auch das andere, das Sterben vergessen wollen – nicht darüber nachdenken – so unübersehbar ist es doch vorhanden, und wir werden jahreszeitlich daran erinnert, dass auch wir vergänglich sind.

Ist es Ostersonntag, der Tag der Auferstehung und liegt der Karfreitag hinter uns, dann wollen wir uns freuen und unsere Herzen nicht mehr länger beschweren. Der kalte Winter ist vorbei, warum noch an ihn denken, er hat uns lange genug geplagt. Lasst uns nun das warme, bunte Leben wieder genießen.

Doch so einfach, wie uns das im Wechsel der Jahreszeiten erscheinen mag, ist es nicht, wenn es um die Auferstehung Jesu Christi geht. Denn so wie der Frühling sich jährlich erneut einstellt, sodass an ihm eigentlich kein vernünftiger Mensch zweifeln kann, so ist es im Bezug auf die Auferstehung des Menschen nicht. Denn es war ja doch ein einmaliges Ereignis, das noch dazu vor 2000 Jahren stattgefunden haben soll und heute von vielen angezweifelt wird. Wie können wir das denn heute noch nachvollziehen?

Menschen sterben und jeder von uns ist wahrscheinlich schon einmal an einem Grab gestanden und hat getrauert. Aber auferstanden ist sonst keiner mehr. Wie können wir die Erfahrung der Auferstehung denn begreifen, bei dieser scheinbaren Armut an Zeugnissen? Ja, vielleicht gibt es sie, in ferner Zeit, vielleicht wird Gott ja tatsächlich einmal die Gräber öffnen und alle werden wieder da sein, jeder Mensch, der jemals diese Erde betreten hat. Doch selbst wenn das so wäre, was hätte das für mich heute für Konsequenzen? Ist Auferstehung etwas, das mir für meinen gegenwärtigen Alltag Kraft geben kann? Und was hat Auferstehung eigentlich mit unserem Thema Liebe zu tun? Sehr viel, wie wir gleich sehen werden. Auferstehung, das wäre ja ein neues Leben. Aber ich kämpfe ja noch darum, mein altes zu erhalten. Es braucht meine ganze Kraft und Konzentration, um in dieser Welt überleben zu können und nicht unterzugehen, da kann ich mich beim besten Willen nicht auch noch mit einem ungewissen, allfälligen späteren Leben beschäftigen.

Die immer knapper werdenden Ressourcen machen uns Angst und ziehen uns in ihren Bann, und die immer größer werdende Einsamkeit tut ihr Übriges. Jeder kämpft nur mehr für sich selbst. Keiner sorgt mehr für den anderen. Der Individualismus hat die fürsorgende Solidargemeinschaft zerrissen und nun muss jeder für sich selbst einstehen. Da bleibt keine Zeit mehr für einen beschaulichen Blick in die ferne Zukunft, das Heute und vielleicht noch die folgenden nächsten Tage zählen, und sie beanspruchen uns voll und ganz.

Und doch: Du weißt es: Es ist ein Wettlauf mit der Zeit, den Du eines Tages doch verlieren wirst. Im alten China erzählte man sich eine Geschichte, dass der Kaiser eines schönen Sommermorgens in seinem Rosengarten spazieren ging:
Da stürzte bleich und zitternd sein Gärtner auf ihn zu, warf sich ihm zu Füßen und stammelte:
„Erhabener Herrscher, leihe mir dein schnellstes Pferd, dass ich die ferne Festung Tschanga noch heute erreichen kann."
Der Kaiser fragte den Zitternden: *„Warum musst du so rasch in meine Festung Tschanga kommen?"*
„Oh, Herr," rief der verängstigte Gärtner, *„Dort hinter den Rosenbüschen begegnete mir der Tod und winkte mir zu. Ich will ihm*

entfliehen, darum möchte ich mit deinem schnellsten Pferd nach Tschanga reiten.“

Der Kaiser antwortete: *„Ich will dir deine Bitte gewähren.“* Und der Gärtner stürzte davon.

Der Kaiser aber schritt zu den Rosenbüschen und fand dort den Tod stehen. Der Kaiser sprach zu ihm: *„Wie konntest du nur meinen Gärtner so erschrecken?“*

Der Tod antwortete: *„Erhabener Kaiser, ich wollte ihn nicht erschrecken, ich wunderte mich nur, ihn hier zu sehen, denn heute morgen gab der Herr des Himmels mir den Auftrag, diesen deinen Gärtner in deiner fernen Grenzfestung Tschanga abzuholen.“*

Wir können dem Tod also nicht davonlaufen, er holt uns doch ein. Wenn wir jung sind, haben wir manches Mal den Eindruck, als wäre das Leben sehr lange und stünden uns noch alle Möglichkeiten offen. Doch schon bald merken wir, dass dem nicht so ist. Sind wir erst einmal 30, werden wir schon gewahr, dass wir manches bereits verpasst haben und wohl auch nie mehr erreichen werden können. Und das sind bereits die ersten Zeichen des Todes, mit denen wir konfrontiert werden: die Erkenntnis der eigenen Begrenztheit! – Die Entdeckung der Endlichkeit des Lebens, indem unsere Träume zerplatzen, und wir fragen uns schon, was ist eigentlich der Sinn des Ganzen? Jeder, der ehrlich ist, kennt diese Gefühle!

Die Zeichen des Todes begegnen uns also auf Schritt und Tritt. Wie ist das aber mit den Zeichen der Auferstehung? Wenn wir erkannt haben, was Auferstehung wirklich ist, dann ist es damit eigentlich ganz genau so. Wir können auch die Zeichen der Auferstehung auf Schritt und Tritt wahrnehmen, wenn wir einen Sinn dafür haben. Doch den müssen wir erst bekommen. Dazu wollen wir nun einen Text aus der Bibel lesen:

Johannes 3:16-21

16 Denn also hat Gott die Welt geliebt, dass er seinen eingeborenen Sohn gab, damit alle, die an ihn glauben, nicht verloren werden, sondern das ewige Leben haben. 17 Denn Gott hat seinen Sohn nicht gesandt, dass er die Welt richte, sondern dass die Welt durch ihn gerettet werde. 18 Wer an ihn glaubt, der wird nicht gerichtet; wer aber nicht glaubt, der ist schon gerichtet, denn er glaubt nicht an den Namen des eingeborenen Sohnes Gottes. 19 Das ist aber das Gericht, dass das Licht in die Welt gekommen ist, und die Menschen liebten die Finsternis mehr als das Licht, denn ihre Werke waren böse. 20 Wer Böses tut, der hasst das Licht und kommt nicht zu dem Licht, damit seine Werke nicht aufgedeckt werden. 21 Wer aber die Wahrheit tut, der kommt zu dem Licht, damit offenbar wird, dass seine Werke in Gott getan sind.

LICHT UND FINSTERNIS

Was Gott tut und was der Mensch tut, das sind zwei ganz verschiedene Dinge: der Unterschied ist wie Licht und Finsternis. Der Tod ist nicht das, was Gott ursprünglich gewollt hat, sondern er ist das, was daraus geworden ist, nachdem der Mensch in seiner Autonomie sich von Gott abgewandt hat. Wenn wir denken, dass das, was wir sehen, dieser Wechsel von Werden und Vergehen das ist, was Gottes Absicht war, als er die Welt erschaffen hatte, dann befinden wir uns in einem Irrtum. Gott ist Licht und in ihm ist keine Finsternis. Der Tod aber gehört der Finsternis. Das Leben in seiner irdischen Form ist aber auf den Tod angelegt und darin besteht zunächst einmal keine Garantie für einen guten Ausgang der Geschichte. Das Stichwort dazu heißt „Gericht".

Gott lebt aber ewig. In seiner Gegenwart gibt es keinen Tod, kein Leid, kein Vergehen, es gibt nur eine immer währende zunehmende Herrlichkeit. Dass Leben sich geradezu auf das Sterben gründet, indem nämlich in der Natur das Rohmaterial des Erstorbenen die Lebensgrundlage für neu entstehendes Leben ist — wir leben ja nur, weil wir tote Pflanzen und Tiere essen — das gibt es bei Gott nicht. Das ist die irdische Kategorie des Lebens. Bei Gott ist alles anders. Leben ist bei ihm Leben aus sich selbst und daher unvergänglich. Es ist ein ewiges Leben.

Aber der Mensch ist gefangen, in diesem geschlossenen System des Elends und der Verzweiflung, dem er nicht entrinnen kann, da nützt es nichts, dass auch dieses Leben einmal von Gott gegründet worden ist. Es wurde gegeben, aber in der Gottesferne hat es keinen Bestand in sich selbst.

Das, was wir an Auferstehung in dieser Natur beobachten können, verdient diesen Namen eigentlich nicht wirklich, denn es trägt bereits wieder den Keim des Todes in sich. Dabei kennt die Bibel kein Sterben in dem Sinne, dass eine Existenz für immer verlischt, als wäre sie nie gewesen. Diese Art des Lebens, die der Mensch besitzt, ist unauslöschlich und der Tod ist weder eine vollkommene Beendigung des Lebens, noch ist er eine Auferstehung in dem Sinn, dass damit der Todeskeim erstickt wäre. Es ist gleichsam das Gegenteil von dem, was bei Gott ist. Bei Gott ist das ewige Leben, beim Menschen ist der ewige Tod. So ist es, so sagt es das Wort Gottes und die Begründung dafür wird uns auch gegeben: Es ist das Gericht, das Urteil über den Menschen, dass seine Werke böse sind und er nicht ans Licht kommen kann.

Das wäre ja alles schrecklich. Das wäre ja völlig hoffnungslos und ohne jeden Trost. Ja, es wäre zum Verzweifeln, wenn da nicht noch etwas wäre, nämlich das kleine, fast unscheinbare Wort im ersten Vers unseres Textes: das Wörtchen „Liebe"!

Denn also hat Gott die Welt geliebt ...

Ja, es war reine Liebe und sonst nichts anderes, was Gott dazu bewogen hat, uns seinen Sohn Jesus Christus zu senden. Verstehen wir das? Vielleicht kann uns ein Gleichnis auf die Sprünge helfen.

Denken wir an einen Künstler, einen Maler. Er malt ein Werk, wie schon vorher viele andere. Doch diesmal will es ihm nicht so recht von der Hand gehen. Er versucht es noch eine Weile, doch dann legt er seinen Pinsel beiseite und betrachtet das Werk als misslungen. Er stellt es irgendwo ab und vielleicht vergisst er es sogar eine Zeit lang. Doch dann, irgendwann beim Aufräumen, kommt es ihm wieder unter. Und wie er das Werk so betrachtet, erinnert er sich wieder an die alte Inspiration, die er hatte und die er damals nicht verwirklichen konnte. Er beginnt das Bild in seiner ganzen Unvollkommenheit zu lieben. Denn es war ja trotz allem eine ausgezeichnete Idee, und er hat den unbändigen Wunsch, sie nun ganz zu verwirklichen, koste es, was es wolle. Er fängt sofort an, vergisst alles andere um sich her, wie nur ein echter Künstler dies kann und konzentriert sich in einer mehrtägigen Arbeit ganz auf dieses eine Bild. Und da es fertig ist, ist es sein absolutes Meisterwerk geworden.

Ich gebe zu, dass dieses Bild ein wenig Kopfzerbrechen bereitet, denn wir denken ja immer, dass Gott vollkommen ist und das ist er ja auch, aber das Werk ist dem Künstler ja zunächst einmal missraten, wie auch die Schöpfung, obwohl wir wissen dass am Anfang die Vollkommenheit des Paradieses stand, ist jetzt doch alles anders. Kann Gott etwas missraten? Kann es sein, dass Gott etwas nicht gelingt? Ich hätte mich vielleicht gar nicht getraut, ein solches Gleichnis zu erfinden, wenn wir nicht in der Bibel ein sehr ähnliches hätten. Der Prophet Jeremia wurde einmal vom Geist Gottes in eine Töpferei geführt und da erlebte er, wie dem Töpfer ein Gefäß misslang (Jer. 18). Er schlug natürlich den Ton zusammen und machte daraus ein anderes Gefäß. Und da sprach Gott zu Jeremia: „Kann ich nicht ebenso mit Euch umgehen, ihr vom Hause Israel, wie dieser Töpfer?" Die Tafelmalerei war zur Zeit Jeremias noch unbekannt, hingegen war die Töpferkunst in einer Hochblüte. Vielleicht hätte Gott tatsächlich heute das Bild vom malenden Künstler genommen um diese Aussage zu illustrieren.

Wie können wir diesen Widerspruch lösen zwischen der Vollkommenheit Gottes und der Unvollkommenheit der Schöpfung, die den Anschein erweckt, als wäre Gott etwas misslungen? Wir müssen erkennen, dass Gott mit einem Wesen zusammenarbeitet, das einen freien Willen hat, den er respektiert. Deshalb konnte dieses Werk auch misslingen, es lag am Menschen und nicht an Gott. Zwar lesen wir im Schöpfungsbericht: *„Gott sah an, alles was er gemacht hatte und siehe es war sehr gut."* (1. Mo. 1:31) Es war also alles vollkommen, doch dann kam der Sündenfall in der Äußerung des freien Willens des Menschen für die Sünde und damit war das Werk erst einmal zerstört, noch ehe es vollendet war.

Ein anderes Mal sandte Gott Jeremia auch zu einem Töpfer, er sollte dort einen Krug kaufen (Jer. 19). Dieser war bestimmt nicht billig. Und dann sollte er die Ältesten und Priester des Volkes versammeln und vor ihren Augen den nagelneuen Krug zerschmettern. Das war ein Zeichen dafür, dass Gott es tun kann. Er kann ein Werk schaffen, und er kann es auch wieder zerstören. Auch das ist möglich und niemand kann es ihm verwehren. Wir lesen bei Jeremia viel vom Gericht, Gott ist der Richter und jedes Urteil, das er fällt, ist unanfechtbar.

So vertrieb er den Menschen zuerst einmal aus dem Paradies und unterwarf ihn den Gesetzen der Natur.

DAS URTEIL LAUTET AUF BEWÄHRUNG

Doch es war nicht ein absolutes und endgültiges Todesurteil, das Gott über sein Werk, die Welt der Menschen, gefällt hat. Nein, es war eigentlich ein mildes Urteil, eines auf Bewährung, denn Gott wollte es noch einmal versuchen, und der Grund dafür lag *nicht* darin, dass die Sünde nicht so schlimm war, sondern dass er sein Werk liebte.

Dabei waren nicht nur kleine Fehler im Bild, nein, es war schon sehr unansehnlich und die lange Zeit der sorglosen Verwahrung hatte das Bild noch hässlicher gemacht. Es war durch und durch des Künstlers unwürdig, was da auf der Leinwand zu betrachten war. Aber es war doch noch die Idee dahinter, die zu verwirklichen einen zweiten Versuch wert war. Der Künstler liebte sein Werk noch und deshalb warf er es nicht weg.

Und so kam Jesus in diese Welt, er verließ die Herrlichkeit beim Vater und richtete die Welt nicht, sondern rettete sie. Er kam in das Sterbende, um ihm die wahre Auferstehung zu bringen. Er wollte das angefangene Werk zu Ende bringen.

Warum war es denn beim ersten Versuch gescheitert? Nun, wenn wir uns diese Frage erlauben wollen, müssen wir uns von den Bildern verabschieden. Denn was sich zwischen dem Schöpfer und dem Geschöpf abspielte, das er nach seinem Bilde geschaffen hat, sprengt jeden bildhaften Vergleich. Der Mensch ist nämlich nicht bloß Material, über das Gott verfügt, wie ein Maler über Farbe oder ein Töpfer über den Ton. Die Geschichte ist viel komplexer als das Bild darstellen kann und selbstverständlich ist Gott unfehlbar, sonst wäre er nicht Gott. Denn während der Künstler als Mensch mit Materialien arbeitet, die sich ganz seinem Willen beugen, steht Gott mit dem Menschen ein Wesen gegenüber, das Er mit einem freien Willen geadelt hat, so wie er ihn selber besitzt. Bestenfalls könnten wir also sagen, der Künstler (Gott) arbeitet mit Farben, die bei der Gestaltung des Bildes mitreden wollen, wenn das vorstellbar wäre.

Insofern stimme ich mit den Existenzphilosophen überein, die da sagen, *der Mensch ist ein Geworfener Entwerfer.*[2] Er ist nicht nur in eine Existenz hinein geworfen, der er scheinbar nicht entrinnen kann, sondern der Mensch hat auch eine andere Seite, er kann überwinden, widerstehen und seinem Leben eine Richtung geben, die er selber bestimmt. Das unterscheidet ihn ja vom Tier, dessen Vernunft – wenn man von einer solchen bei einem Tier überhaupt sprechen kann – an seinen Instinkt gekettet ist. Somit ist er ist ein Entwerfer seines eigenen Lebens. Er kann selbst bestimmen, wie dieses Leben verlaufen soll oder nicht. Das haben wir ja auch beim verlorenen Sohn gesehen. Viktor Frankl, der bekannte Wiener Psychotherapeut, Erfinder der Logotherapie hat das so ausgedrückt: *Der Mensch ist das Wesen, das bestimmt, was es ist.*

Gott schuf den Menschen also mit freiem Willen, und dieser sollte sich für Gott entscheiden. Doch das tat er nicht. Es wäre für Gott kein Problem gewesen, den Menschen als mitbestimmenden Partner in seiner Schöpfung zu haben. Dazu hat er ihn ja mit einem freien Willen ausgestattet, das hat er immer so gewollt. Doch die Entwicklung war eine andere. Der Mensch entfernte sich von Gott gänzlich und wurde autonom. Er wollte selbst erkennen, was gut und was böse ist.

---

2   Von Heidegger stammt der Spruch vom „geworfenen Entwerfer".
Als Geworfener ist der Mensch zunächst mehrheitlich unfrei in seinem tun und lassen, er muss sich die Veränderung erkämpfen (durch seinen Willen) und wird damit zum Entwerfer seiner eigenen Welt.

Er versuchte sein Glück in der Selbstbestimmung und der Unabhängigkeit.

Einige tausend Jahre ging das so und die von Archäologen ausgegrabenen Steine sprechen deutlich davon, wie wenig es dem Menschen gelungen ist, auf diesem Weg zu dem zu gelangen, wozu er letztendlich bestimmt war: zu einem Leben im beständigen Frieden und in Gerechtigkeit, das schließlich in ein ewiges Leben einmündet. Es ist nicht gelungen; und nicht Gott ist schuld daran, sondern der Mensch selbst.

Nachdem sich Gott das Ganze eine Zeit lang angesehen hat – nach unserem Begriff vielleicht zu lange, aber bei Gott sind ja tausend Jahre wie ein Tag – und nachdem der Beweis erbracht worden war, dass das nichts mehr wird und der Mensch auf die Katastrophe der ewigen Verdammnis zusteuerte, da ersann Gott (menschlich gesprochen) einen Ausweg. Einen zweiten Versuch sozusagen, um den Menschen zur Umkehr zu bewegen. Der Mensch sollte seine Autonomie verlassen und wieder Gottes Partner werden, für eine neue, bessere Welt, in der Frieden und Gerechtigkeit keine Fremdwörter mehr sind.

DER GLAUBE, DER DAS LICHT ANMACHT

Jesus ist nun diese Initiative Gottes zur Rettung der Menschheit. Er kam, damit - wie es in Joh 3,16 heißt – *„alle, die an ihn glauben, nicht verloren gehen, sondern das ewige Leben haben".* Der Mensch darf wieder neu anfangen, er darf gleichsam auferstehen, nicht erst in ferner Zukunft, irgend wann einmal am Jüngsten Tag. Nein, sondern jetzt schon in dieser Zeit! Während die Zeichen des Todes noch an uns sichtbar sind, können das neue Leben und die Kraft der Auferstehung bereits an uns wirksam werden.

Doch zuvor muss sich etwas ereignen, was hier in unserem Text mit *Glauben* bezeichnet wird. Das ist etwas, was absolut nichts mit dem landläufigen Begriff des Glaubens zu tun hat, nämlich etwas für wahr zu halten, das möglicherweise gar nicht wahr ist. Man klammert sich als Glaubender nicht als Ertrinkender an einen Strohhalm, denn Glaube ist die Erfahrbarkeit eines Lebens aus Gott, in der Kraft seiner Auferstehung. Das muss sich real ereignen und tut es auch!

Glaube beginnt mit der *Bekehrung*, mit der Hinwendung zu Gott. Da ist zuerst die Erkenntnis, dass etwas so ist, wie es ist. Der Grund, warum es Glaube heißt, ist nur darin zu suchen, dass es nicht darum geht, hier etwas Sichtbares, mit den fünf Sinnen Erfahrbares und somit naturwissenschaftlich Beweisbares zu erleben. Aber zu erleben ist es dennoch. Wir finden Gott, wie wir das Licht finden, indem wir selbst in der Finsternis sitzen, aber das Licht geht nicht außen an und dringt über unsere Sinne in uns hinein. Das Licht, das uns Gott in Christus bietet, geht in uns selbst an.

Nun können wir darauf auf zweierlei Weise reagieren. Zum einen wie die Ratten, die sich, wenn sie sich in einem dunklen Raum aufhalten, sofort in die Löcher verkriechen, wenn jemand das Licht einschaltet. Wir können aber auch anders, denn wir sind ja Menschen mit einem freien Willen. Wir können, wenn uns das Licht trifft, stillhalten. Das mag fürs Erste nicht angenehm sein, denn wenn wir im grellen Scheinwerferlicht stehen, sieht man jeden Fleck auf unserer Weste und jeden Mangel in unserem Leben, und der Wunsch sich zu verkriechen ist nur natürlich.

Doch wenn wir dem standhalten und Gott um die Reinigung von unseren Sünden bitten, haben wir uns bekehrt. Er wird uns reinigen, und wir sind zu Kindern des Lichtes geworden, oder wir könnten auch sagen, wir sind von neuem geboren worden. Denn was wir gelesen haben, ist ja aus einem Gespräch entnommen, das Jesus mit einem Pharisäer in der Nacht gehabt hat, als dieser zu ihm kam. Jesus sagte zu

Nikodemus, so hieß der Pharisäer: *„Es sei denn, dass jemand von neuem geboren werde, so kann er das Reich Gottes nicht sehen."* Es geht also durchaus darum, dass das Reich Gottes sichtbar wird, aber es wird nur für die sichtbar sein, die ins Licht getreten sind und durch die Kraft der Auferstehung von neuem geboren wurden. Warum sollten wir das tun? Warum sollten wir uns zu Christus wenden?

DER GERECHTIGKEIT GENÜGE GETAN

Zum einen, weil wir erkennen, dass wir in unserer Autonomie niemals vor Gott gerecht sein können, und weil die Geschichte es doch lange genug geoffenbart hat, dass ein von Gott losgelöster Mensch keine moralische Kraft hat, dauerhaft das Gute auf der Welt hervorzubringen, selbst wenn er das möchte. Warum willst Du das mit Deinem Leben selbst noch einmal bestätigen? Nimm es als erwiesen an, dass wir Gott brauchen, und komm zu ihm!

Zum anderen aber sollten wir begreifen, dass Gott uns liebt. Er will uns nicht zerbrechen wie Jeremia den Krug und achtlos wegwerfen, sondern er will uns wie den missratenen Ton neu formen. Und dazu hat er einen Preis bezahlt, der seine Liebe zu uns mehr als beweist. Er selbst ist für uns in Jesus Christus ans Kreuz gegangen. Das beweist seine Retterliebe! Er hat erlitten, was zu erleiden war, um der Gerechtigkeit Genüge zu tun. Er hat das Gericht auf sich genommen, damit wir nicht gerichtet werden.

Warum war das nötig? Ganz einfach deshalb, weil Gott in seiner Gerechtigkeit nicht einfach beide Augen zudrücken kann. Das Böse muss gerichtet werden, und dazu gibt es nur zwei Wege: entweder der endliche Mensch stirbt einen ewigen Tod, oder der ewige Gott stirbt einen endlichen Tod. Und er starb ihn, grausamst vollstreckt und ihm für drei Tage ausgeliefert, schmeckte er ihn für uns alle, damit er auferstehe und wir mit ihm. Wenn ich eingangs vom würdevollen Sterben der Natur in herbstlicher Farbenpracht und dem Bedecktsein des Todes unter weißem Schnee gesprochen habe, so gilt das nicht für den Tod des Herrn Jesus. Er starb nicht würdevoll, sondern schmählich. Es war der Tod eines Verbrechers, den ein Gerechter zu erleiden hatte. Es war ein schändliches Schauspiel, das die Erde nicht ertrug. Sie erbebte und die Sonne verfinsterte sich. Denn es war meine und Deine Schuld, die da von ihm an das Kreuz getragen wurde. Nun aber, da er auferstanden ist, ist für uns der Weg zu Gott grundsätzlich frei. Doch wir müssen reagieren. Wie reagierst Du? Mit Verstecken, oder mit Heraustreten?

EINE NEUE PARTNERSCHAFT MIT DEM SCHÖPFER

Heraustreten heißt ans Licht kommen und, wie wir in Gottes Wort lesen, künftig die Werke zu tun, die in Gott getan sind. Wir bekehren uns nicht durch eine billige Gnade. Wenn der Preis, den Gott in seiner Retterliebe dafür bezahlt hat, so hoch war, muss auch das Ergebnis, das Gott dafür erhält, dem entsprechend sein. Dann geht es nicht darum, sich Gott bloß in einer Aufwallung spiritueller Gefühle zuzuwenden, sondern darum, mit ihm eine neue Partnerschaft einzugehen, eine Partnerschaft für Gerechtigkeit und Frieden, für gute Werke und Verwirklichung der Liebe, die wir an ihm gesehen haben. Bist Du bereit dazu?

Wie geht es Dir, wenn Du das Licht des Evangeliums, der Guten Nachricht von Jesus, auf Dich fallen fühlst? Willst Du Dich verstecken, wie sich einst Adam und Eva im Paradies nach dem Sündenfall versteckten? Oder willst Du heraustreten und sagen: Hier bin ich, Herr. Mache aus mir ein Kind Gottes!?

Es will ja alles reiflich überlegt sein. Vielleicht war Dir das auch so neu, dass Du meinst, das muss überdacht werden. Ich hoffe jedenfalls, dass jedem, der das liest, die Wichtigkeit und die Notwendigkeit einer Hinwendung zu Gott in Christus bewusst geworden ist. Und wenn du dies so empfindest, dann schiebe nichts auf. Tue, was du tun musst, aber nütze die Zeit, denn sie ist kurz und das Leben ist schnell vorbei. Wer aber ans Ende seines Lebens gelangt, ohne die Kraft der Auferstehung vorher erlebt zu haben, für den hat das Wort Gottes keine Hoffnung mehr bereit.

Wenn du aber jetzt schon überzeugt bist, dann sprich ein Gebet zu Gott (Beispiel S30) und sage ihm, dass Du das Angebot annehmen und sein Kind werden willst.

Möge Gott Deinen Weg segnen, dass er Dich in die heiligen Hallen seiner Liebe einführt.

Bruderliebe

In den ersten beiden Kapiteln ging es darum, die Beziehung zwischen Gott und dem Menschen in einem neuen Licht zu sehen. Was will Gott, wenn er von uns Nächstenliebe fordert? Wie können wir Gott als Vater begreifen und warum musste Jesus sterben?

Nun kommen wir dazu, uns zu fragen, wie sich ein geordnetes Verhältnis zu Gott – und ich hoffe lieber Leser, um ein solches handelt es sich inzwischen bei Dir – auf unsere gegenseitigen Beziehungen auswirkt, als Menschen, die wie Brüder und Schwestern vor Gott stehen.

Dabei ist uns der Apostel Johannes eine große Hilfe. Er hatte schon in seinem Evangelium die Worte des Herrn Jesus für uns aufbewahrt (Joh. 13:34): *„Ein neues Gebot gebe ich Euch, dass ihr euch untereinander liebt, wie ich euch geliebt habe, damit auch ihr einander lieb habt. Daran wird jedermann erkennen, dass ihr meine Jünger seid, wenn ihr Liebe untereinander habt.“*

Hier wird von dem Herrn Jesus der Menge der Gebote und Vorschriften des alten Testamentes eine einzige Forderung gegenüber gestellt: die Liebe untereinander, die wir als Bruderliebe[3] bezeichnen! Die Liebe ist das neue Gebot und auch das einzige, das uns trifft, wenn wir als Christen leben wollen, das müssen wir verstehen.

Wenn wir noch fragen, wie es sich denn dann mit den anderen Dingen verhält, die wir tun, mit Taufe, Abendmahl, oder

---

3   Es sollte klar sein, dass damit auch das andere Geschlecht gemeint ist. Es gibt überhaupt keinen Grund dies heute anders zu sehen, da es die gesamte Kirchengeschichte hindurch so gesehen wurde.

auch Gemeinde- und Gottesdienstordnungen, dann haben wir es nicht verstanden. Die Liebe tut alle diese Dinge, soweit sie notwendig sind und dazugehören, das muss ihr nicht extra aufgetragen werden, aber sie erschöpft sich nicht in ihnen. Gemeinden sind so weit gegangen, bestimmte Kleiderordnungen zu erlassen. Das scheint Sinn zu machen, wenn man jungen Mädchen und Frauen verbietet, im aufreizendem Outfit im Jugendkreis oder Gottesdienst zu erscheinen. Aber es ist doch auch nur ein Beweis dafür, dass es grundsätzlich an Liebe mangelt, denn ein Mädchen, das die Gemeinde liebt, wird auch ohne Vorschriften darauf achten, dass es niemanden einen Anstoß zur Sünde gibt. Sie weiß ja, dass Männer mit den Augen sündigen können, das hat Jesus in der Bergpredigt gesagt. Umgekehrt werden Männer nicht mit Frauen flirten, wenn sie keine ernste Absichten haben. So müsste es dafür auch keine Vorschriften geben, wenn Liebe vorausgesetzt werden kann. Das ist nur ein Beispiel. Es gibt zahlreiche andere Möglichkeiten, durch Regeln den Mangel an Liebe zu kaschieren.

Manche Regeln, die niedergeschrieben werden, sind notwendig, weil wir sonst vergessen könnten, worauf wir uns schon geeinigt haben. Das menschliche Gedächtnis arbeitet ja leider nicht immer ganz zuverlässig. Doch müssen wir festhalten, dass dies Nebensächlichkeiten sind, die niemals das Ziel sein können, ja nicht einmal zum Ziel führen. Was ist dann aber die Hauptsache und das Ziel an sich? Darüber hat uns Johannes in seinem 1. Brief sehr deutlich und eindringlich Auskunft gegeben.

1. Johannes 2:7-11

„7 Meine Lieben, ich schreibe Euch nicht ein neues Gebot, sondern das alte Gebot, das ihr von Anfang an gehabt habt. Das alte Gebot ist das Wort, das ihr gehört habt. ⁸ Und doch schreibe ich euch ein neues Gebot, das wahr ist in ihm und in Euch; denn die Finsternis vergeht, und das wahre Licht scheint jetzt. ⁹ Wer sagt, er sei im Licht und hasst seinen Bruder, der ist noch in der Finsternis. ¹⁰ Wer seinen Bruder liebt, der bleibt im Licht, und durch ihn kommt niemand zu Fall. ¹¹ Wer aber seinen Bruder hasst, der ist in der Finsternis und weiß nicht, wo er hingeht; denn die Finsternis hat seine Augen verblendet."

Das neue, das einzige Gebot

Es geht also um die Beziehung zum Bruder, um Gemeinschaft untereinander und um das Wandeln im Licht. Das ist es, was Gott von uns will, und ein einziges Gebot soll ausreichen, um die Finsternis zu durchbrechen und das Licht Gottes hervorleuchten zu lassen. Es ist das Gebot der Liebe.

„Baby, Baby, it`s a wild world"*, hieß es in einem Song aus den 80er Jahren. Es könnte auch heißen: *„... it`s a dark world." – eine dunkle Welt, in der kein Licht scheint, das ist die Sichtweise des Apostels und in diese Finsternis lässt Gott sein Licht scheinen. Aber wie scheint es denn? Scheint es, indem sich jemand in seine Ecke zurückzieht und alleine in kontemplativer Versenkung seine Blicke gegen den Himmel richtet? Das mag eine fernöstliche Ansicht darstellen, wir Christen haben damit nichts zu tun, wenn wir die Bibel ernst nehmen. Johannes zeigt uns ein anderes Bild, das uns zeigt, worauf es wirklich ankommt.

Das Licht Gottes in dieser Finsternis wird ausschließlich dann sichtbar, wenn sich Menschen begegnen, um miteinander in der Liebe Gemeinschaft zu haben. Darin erfüllt sich das Gebot Christi und dadurch wird die Finsternis in der Welt durchbrochen, durch nichts anderes. Wo man sich aber zurückzieht und der Glaube zur reinen Privatsache wird, weil man Probleme hat, mit anderen zurecht zu kommen, obwohl sie dasselbe glauben, bleibt man in der Finsternis. So einfach ist diese Aussage. Das heißt ja nicht unbedingt, dass wir die Gemeinde verlassen. Wir nehmen äußerlich noch an vielen Veranstaltungen teil, vor allem am Sonntag, denn es heißt ja, du sollst den Tag des Herrn heiligen, aber wir fühlen uns dennoch einsam und sind innerlich abwesend. Keiner besitzt unser Vertrauen, dem wir uns vorbehaltlos öffnen könnten und so wächst der Groll, der oft nur mühsam verborgen werden kann.

Denken wir nicht, dass dieses Problem neu ist. Es ist uralt, so alt wie das Christentum selbst. Wie anders könnte es Johannes dann sonst aufgreifen, wenn er Brüder auffordert, einander nicht zu hassen, denn wer seinen Bruder hasst, der ist noch in der Finsternis. Hass zwischen Brüdern ist möglich, aber der ganze Johannesbrief, ja vielleicht die ganze Mission des Apostel Johannes selbst, ist darauf ausgerichtet, das wieder gerade zu biegen. Er ermahnt eindringlich, das nicht so stehen zu lassen, sondern alles zu tun, damit die Liebe wieder Oberhand gewinnt. Denn nur in der Liebe wird das Licht Gottes sichtbar. Wer nicht liebt, der ist in der Finsternis. Er weiß nicht, wohin er geht. Er tappt im Dunkeln. Die Finsternis hat seine Augen verblendet. Das ist eine sehr ernste Sache. Das sollte in der Gemeinde nicht sein und muss, wenn es denn so ist, korrigiert werden.

Gleichwohl gab es damals auch Brüder in der Gemeinde, die behaupteten, im Licht zu sein, obwohl sie Antipathien gegen andere hegten. Sie hatten einfach keine Schuldgefühle dabei, wenn sie andere nicht begrüßten, sondern einen Bogen um sie machten und - wenn sich eine Begegnung nicht vermeiden ließ - sie mit bösen Blicken bedachten. Sie wähnten sich dennoch im Licht, denn das Problem lag ja ihrer Meinung nach ausschließlich bei den anderen. Das ist es, wogegen Johannes sich hier wendet. Das ist Selbstbetrug und hat nichts, aber auch gar nichts mit der Forderung des neuen Gebotes zu tun, das uns der Herr Jesus gegeben hat. Das Gegenteil wird getan.

WIR SOLLTEN UNS LIEBEN!

Wie durchbrechen wir nun diese Finsternis, wie lieben wir denn in der Gemeinde? Was bedeutet das genau für uns? Liebe ist immer eine Angelegenheit zwischen zwei Personen. Konkret zwischen mir und dir. Wenn ich dich liebe, dann habe ich auf dieser dunklen Erde ein Stück Finsternis durchbrochen. Und wenn du mich liebst – *ich weiß, dass das furchtbar schwer ist* – dann hast du durch deine Liebe ein Stück Finsternis auf Erden durchbrochen.

Aber auch der Umkehrschluss ist möglich und der wird eigentlich in unserem Bibeltext hervorgehoben: Wenn du mich nicht liebst – *es tut mir sehr leid, denn ich kann mir wirklich denken, wie schwer das sein muss, aber dennoch muss ich es dir sagen* – dann hast in erster Linie du selbst ein Problem, denn du bist noch in der Finsternis. Du kannst jetzt auf deinen ungeheuren Einsatz in der Gemeinde hinweisen, der ist bestimmt größer als meiner. Schließlich werde ich als Pastor dafür bezahlt und du nicht. Du kannst auf deinen tadellosen Lebenswandel pochen, da wollen wir bei mir bitte nicht so genau schauen, denn da schneide ich sicher schlechter ab wie du. Oder du kannst mit deinen Gaben aufwarten, was habe ich dem schon entgegenzusetzen. Was immer Du aber ins Feld führst, es hilft alles nichts. Unser Text sagt dennoch, dass du in der Finsternis lebst, weil du mich, den Johann Schoor, nicht liebst und die Gemeinschaft mit mir meidest und es Dir lieber ist, wenn Du mich nicht siehst oder hörst.

Es ist mir jetzt wirklich sehr peinlich, darüber zu reden.

Denn vielleicht hört da jemand einen Unterton des Triumphes heraus; so ein hämisches: *haha – du bist ja selber schuld, dass Du mit mir ein Problem hast.* Aber in Wirklichkeit weiß ich, dass ich keine Ursache habe zu triumphieren, denn ich fühle es und mein Gewissen plagt mich: *Da ist doch ein Bruder, der wäre von der Finsternis ins Licht gekommen, wenn ich ihm nicht ein Anstoß gewesen wäre. Durch mich ist er zu Fall gekommen.*

So heißt es auch in unserem Text:

> *„Aber wer seinen Bruder liebt, der bleibt im Licht und durch ihn kommt niemand zu Fall."* (V 10)

Nun ist aber jemand durch mich zu Fall gekommen und so sitze ich nun mit ihm im selben Boot, ob ich das will oder nicht. Wir schmoren beide in der Finsternis und die zunehmende negative Emotionalität macht es uns auch immer deutlicher, das es so ist.

Nur gut, dass wir beide alte Hasen sind in der Gemeinde. Wir haben schon gelernt, uns zu beherrschen, und führen nach außen hin bloß eine Meinungsverschiedenheit. Das ist ja erlaubt, solange wir dabei keine Affekte zulassen. Um aber zu verhindern, dass doch einmal der Gaul mit uns durchgeht, vermeiden wir möglichst eine direkte Begegnung. Wir bringen unsere Argumente lieber an unbeteiligte Dritte an. Ihnen erklären wir, warum der Andere so total verkehrt liegt und man im Umgang mit ihm Vorsicht walten lassen muss. Ist es nicht so? So meinen wir, es hätte noch keiner gemerkt, dass wir den anderen eigentlich schon längst nicht mehr ausstehen können und dies das eigentliche Problem ist: Wir können ihm nicht vergeben, was er uns angetan hat.

Aber Gott hat es gemerkt und vermutlich auch noch andere - und wenn wir ehrlich sind, wissen wir es auch, dass wir schon längst nicht mehr im Licht wandeln. Vielleicht wäre es sogar klüger gewesen, einmal wieder richtig Dampf abzulassen und die Gemeinde sehen zu lassen, wie es um unsere Beziehung zueinander bestellt ist, anstatt allen etwas vorzuheucheln. So könnte uns ein Bruder oder eine Schwester vermittelnd zur Hilfe eilen und uns vielleicht beiden wieder zurechthelfen. Das muss ja nicht nach dem Gottesdienst geschehen, aber es sollte in jeder Gemeinde auch ein Forum geben, wo Konflikte ausgetragen werden können. Ich habe hier oft einen Widerwillen entdeckt bei Gemeindeverantwortlichen, selbst bei solchen die sonst gute Arbeit machen, den Dienst der Konfliktbewältigung zu leisten. Wir sind so erzogen worden, uns möglichst aus allem rauszuhalten. *„Das geht uns nichts an"*, ist eine Aussage, die man oft hört, aber auch das ist kein Satz der Liebe.

Wenn zwei miteinander nicht zurechtkommen, dann sollen sie sehen, wo sie bleiben. Wir belasten uns nicht gerne mit den Problemen anderer, so ist unsere Einstellung. Aber schließlich müssen wir es dennoch tun, wenn die Krise da ist, die letztendlich die ganze Gemeinde erfasst hat. Und vielleicht sind wir dann im Krisenmanagement nur deshalb so erfolglos, weil wir es halbherzig und selbst ohne Liebe tun. Wir könnten hier auch mehrere Bibelstellen anführen, die uns zeigen, dass Konfliktbewältigung auch zu unserem Auftrag gehört, aber das ist heute nicht unser Hauptthema.

KEINE GLEICHGÜLTIGKEIT!

Wie auch immer wir es drehen und wenden, an der Aussage in unserem Text können wir nicht rütteln: Das Licht Gottes ist nur soweit in unserer Gemeinde präsent, als wir uns lieben. Aber gibt es nicht noch etwas dazwischen? Den Bruder hassen und den Bruder lieben, ist das immer nur die einzige Alternative? Er kann mir doch auch ganz einfach egal sein, oder drücken wir es vornehmer aus: Er liegt mir nicht so, er hat nicht meine Wellenlänge. Wäre das dann nicht eine Art neutrale Grauzone? Abgesehen davon, dass ich mich dann selbst zum Maßstab mache, wenn meine Wellenlänge darüber entscheidet, ob und wie weit ich mit einem Bruder Gemeinschaft habe, gibt es da noch ein anderes Problem: In der Bibel gibt es nur eine Weißzone des Lichtes und das ist die LIEBE. Nur sie verdrängt die Schwarzzone der Finsternis wirklich und zwar ganz ohne jedes grau.

Jesus hat uns gesagt in Joh. 13,35:
„Daran wird jedermann erkennen, dass ihr meine Jünger seid, wenn ihr Liebe untereinander habt.

Fragen wir uns einmal, was das genau heißt, wie denn Liebe praktisch funktioniert? Es ist nicht so schwer herauszufinden, was Liebe ist. Warum nicht? Weil wir alle Liebe haben? Nein, sondern weil wir alle geliebt werden wollen. Jeder weiß, was Liebe ist, selbst dann, wenn er selber noch nie geliebt hat, denn jeder will geliebt werden. Dieses Sehnen ist in der menschlichen Natur angelegt. So brauchen wir uns ja nur zu fragen, was es ist, das *wir* wollen. Was sind unsere tiefsten Wünsche nach Anerkennung und unsere Sehnsüchte nach Zuwendung? Wenn wir uns dessen bewusst werden, dann erkennen wir auch, welche Art der Liebe wir weitergeben sollen.

In einem Sprichwort heißt es: *„Was du nicht willst, das man dir tu, das füg auch keinem anderen zu."* Diese Aussage ist eigentlich eine Verharmlosung dessen, was Jesus in der Bergpredigt (Mat. 7:12) gesagt hat, da ist der Spieß umgedreht, indem er positiv formulierte:
„Alles was ihr nun wollt, was euch die Leute tun sollen, das tut ihnen auch."

Was der Volksmund sagt, ist nur die korrekte Haltung des Gesetzes, des Ehrenmannes, der sich keine Blöße geben will, indem er jemanden Unrecht zufügt. Doch wieder stellen wir fest, dass Gesetze, auch die ungeschriebenen Gesetze einer sittlichen Volksgemeinschaft, noch keine Liebe produzieren.

Der andere kann und darf mir dabei immer noch vom Herzen gleichgültig sein.

WIE WIR LIEBEN SOLLEN!

Das was Jesus fordert, ist nicht ohne Liebe möglich. In diesem Sinne bleiben wir auch nicht stehen bei der Betrachtung dessen, was wir wollen, sondern wir übertragen das auf den Anderen und tun ihm das Gute, das wir gerne auch selbst von anderen empfangen würden. Denn das Gebot Christi lautet nicht, sich lieben zu lassen, sondern zu lieben. Das ist nun deshalb nicht so schwer zu verstehen, weil ich mir im Grunde genommen nur vor Augen zu halten brauche, wie ich geliebt werden will.

Auf die Gemeinde bezogen: *Wie will ich, dass mir die Geschwister in der Gemeinde begegnen? Und wie begegne ich ihnen?*

Ich will nicht, dass andere auf mir herumhacken, wenn ich einmal einen Fehler gemacht habe, sondern dass sie mir vergeben. — *Warum tue ich mich dann so schwer damit, wenn andere mal einen Fehler machen?*

Ich will, dass die Anderen, wenn sie schon meinen, mir einen Fehler nachweisen zu müssen, damit zu mir kommen und nicht zuvor damit hausieren gehen oder in meiner Abwesenheit darüber mit anderen verhandeln. Ich möchte Gelegenheit haben, mich zu verteidigen. — *Habe ich über andere gesprochen, ohne vorher mit ihnen selbst zu sprechen?*

Ich möchte nicht überfallsartig in der Gegenwart anderer öffentlich kritisiert werden, ohne mich verteidigen zu können. — *Kritisiere ich andere öffentlich?*

Wenn mir jemand einen Fehler nachweist, dann sollte er nicht so tun, als wäre er selbst die Vollkommenheit in Person und könnte ihm so etwas niemals passieren. Jede Entrüstung über Sünde ist Überheblichkeit — *„Überhebe ich mich über andere?"*

Ich hätte auch ganz gerne, dass ich mich auf jemanden verlassen kann, wenn ich etwas mit ihm vereinbart habe. — *„Kann man sich eigentlich auf mich verlassen?"*

Wenn ich jemanden etwas geborgt habe, dann hätte ich dies gerne wieder zurück, oder wenn jemand seine Schulden bei mir nicht zeitgerecht bezahlen kann, dann sollte er zumindest mit mir darüber sprechen und nicht anfangen mich zu meiden. — *„Bin ich jemanden etwas schuldig?"*

Ich hätte auch gerne, dass jemand meine kleinen Dienste anerkennt, die vielleicht nicht sehr auffällig sind, aber die ich dennoch als wichtig erachte. Ich verlange nicht Dankbarkeit, sondern Anerkennung. — *„Was weiß ich eigentlich über die Dienste der Anderen und die Schwierigkeiten, mit denen sie sich herumschlagen?"*

Ich hätte gerne ab und zu Besuch, denn ich bin einsam — *„Warum besuche ich eigentlich keinen, der einsam ist?"*

Können wir das alles vielleicht auf den Punkt bringen, in irgendeinem Merksatz? Vielleicht damit:

„Liebe ist die Summe einer Vielzahl von Verhaltensweisen, die bewirken, dass wir einander gerne wiedersehen."

Das Motiv der Liebe ist die Zuneigung. Wer den anderen liebt, der sieht ihn gerne wieder, der trifft sich gerne mit ihm. Wir genießen die Gemeinschaft mit denen, die wir lieben, da muss es gar nicht um viel gehen. Und damit das so bleibt, sind wir auch bereit, etwas zum Wohlbefinden des anderen beizutragen. Er soll sich ja gerne wieder mit mir treffen. In diesem Sinne wäre die angeführte Liste noch um viele Punkte zu ergänzen. Doch das kann jeder für sich selber machen, das ist viel effizienter - und ich möchte dazu ermutigen, es wirklich zu tun.

DIE FINSTERNIS DURCHBRECHEN!

Wir haben keine Wahl als Christen. Wenn wir nicht zur Liebe finden, dann bleiben wir im Dunkeln und wissen nicht, wohin wir gehen, wie wir in Vers 11 gelesen haben. Wir können uns viele Gedanken machen um die Zukunft der Gemeinde, wir können planen und Konzepte entwerfen, aber sie werden uns alle in die Irre führen, wenn wir einander nicht lieben. Ja es ist überhaupt fraglich, ob wir dann das alles noch für Gott tun oder nur für uns selbst. Im gleichen Johannesbrief lesen wir in Kap. 4:16- 19:

16 Gott ist die Liebe; und wer in der Liebe bleibt, der bleibt in Gott und Gott in ihm. 17 Darin ist die Liebe bei uns vollkommen, dass wir Zuversicht haben am Tag des Gerichts; denn wie er ist, so sind auch wir in der Welt. Furcht ist nicht in der Liebe, 18 sondern die vollkommene Liebe treibt die Furcht aus; denn die Furcht rechnet mit Strafe. Wer sich aber fürchtet, der ist nicht vollkommen in der Liebe. 19 Lasst uns ihn lieben, denn er hat uns zuerst geliebt.

Wenn ich diesen Text richtig verstehe, dann ist die Liebe auch der Weg, wie wir Furcht überwinden können. Das ist eine etwas überraschende Aussage, denn wir denken immer, dass Angst von außen kommt. Das, was uns angst macht, ist schuld daran, dass wir Angst haben. Doch die Bibel behauptet hier offensichtlich etwas anderes. Die Angst kommt aus einem Mangel an Liebe bei uns selbst! Wir brauchen keine Angst zu haben, wenn wir in der Liebe vollkommen sind, denn was wir fürchten, ist ja die Strafe. Wer würde mich aber bestrafen, wenn ich ihn liebe? Und selbst wenn es jemand täte, so bin ich doch gerechtfertigt vor Gott. Er bestraft niemanden, der liebt, denn wenn jemand die Liebe lebt, dann hat Gott ja sein Ziel mit diesem Menschen erreicht und es gibt nichts mehr zu fürchten.

Hass aber zieht Strafe unweigerlich nach sich. Lesen wir noch ein wenig weiter im Text (Kap 4:20-21):

²⁰ Wenn jemand spricht: Ich liebe Gott, und hasst seinen Bruder, der ist ein Lügner. Denn wer seinen Bruder nicht liebt, den er sieht, wie kann er Gott lieben, den er nicht sieht? ²¹ Und dies Gebot haben wir von ihm, dass, wer Gott liebt, dass der auch seinen Bruder liebt.

Wir sehen ganz deutlich, dass wir die horizontale Eben von der vertikalen nicht trennen können. Keiner kann sagen, er liebt zwar Gott, nur mit seinem Bodenpersonal kommt er nicht zurecht. Wenn er mit den Brüdern nicht zurechtkommt, kommt er auch mit Gott nicht zurecht, zumindest nicht mit dem Gott, der sich in der Bibel offenbart. Vielleicht hat er sich dann ja sein eigenes Bild von einem Gott gemacht, das nicht der Realität entspricht. Das erinnert fatal an die alten Götzenbilder, die Israel von den Heiden übernommen hatte und die ihm zum Fallstrick wurden.

Ich denke, es ist klar geworden, dass wir uns nicht aus der Affäre ziehen können. Wenn wir Menschen in der Gemeinde meiden oder ihnen nicht mit aufrichtiger Liebe begegnen, dann sind wir schuldig geworden vor Gott und vor Menschen. Deshalb lasst uns vor allem daran arbeiten, das wir miteinander klar kommen. Lasst uns gar nicht erst versuchen, Liebe zu heucheln. Das kann uns höchstens eine kurze Zeit gelingen. Irgendwo werden unsere wirklichen Gefühle und Gedanken über den anderen doch ans Tageslicht treten. Und Gott können wir ohnehin nicht täuschen, nicht den Bruchteil einer Sekunde lang.

Er ist es, der unser Herz kennt, deshalb wollen wir uns auch vor ihm beugen und ihm zuerst unsere Sünde bekennen, die er ja eh schon weiß. Danach aber wollen wir Gott um Kraft und Gnade bitten, zum Bruder und zur Schwester hinzugehen, wer auch immer es sei und was auch immer er mir angetan hat, und ihn um Vergebung zu bitten und ihn in Zukunft wieder zu lieben. Versuchen wir dabei aber bitte nicht erneut, die leidige Frage zu klären, wer bei welcher Gelegenheit wie viel mehr Schuld hat als der andere. Der Versuch, beweisen zu wollen, dass der andere doch noch um ein Jota mehr Schuld hat als man selbst, ist doch schon wieder lieblos und beweist nur die eigene Unbußfertigkeit.

Noch eines zum Abschluss. Die Schuldfrage, oder besser gesagt: die Frage, wer Recht hat, lässt sich gar nicht immer eindeutig klären und sie muss auch nicht immer geklärt werden. Wenn es gelingt – um so besser! Und es sollte auch versucht werden, damit wir alle daraus lernen können. Aber es gehört zur Weisheit zu erkennen, wann das nicht möglich ist. Die Gründe dafür können vielfältig sein. Meist liegen sie in der Begrenztheit unserer Erkenntnis- und Urteilsfähigkeit. Aber wo wir dazu nicht in der Lage sind, wird die Wahrheit ohnehin von Gott ans Licht gebracht werden; vielleicht noch in diesem Leben, vielleicht aber auch erst am Jüngsten Tag, wenn wir vor dem Richterstuhl Christi stehen. Das gilt es aber abzuwarten und bis dahin Barmherzigkeit und Vergebungsbereitschaft zu üben. Vorbehaltlos! Sind wir dazu bereit? Oder wollen wir uns weiterhin zum Richter über andere aufschwingen? Das ist die Frage. Möge uns Gott in seiner Gemeinde mit dem Geist der Liebe erfüllen.

Sieben Schritte
zur göttlichen Liebe

Das Ziel einer Reise – 2. Petrus. 1:3-9

Stellen wir uns einmal vor: Jemand schenkt uns ein Schiff, eine richtig komfortable hochseetüchtige Jacht, und er gibt uns auch sonst noch alles, was wir für eine Seereise brauchen: Ausrüstung, Lebensmittel für mehrere Wochen und so weiter. Und nun gehen wir an Bord und sehen uns das ganze einmal an. Von oben bis unten, vom Bug bis zum Heck. Da wir technisch sehr begabt sind, haben wir schnell begriffen, wie das Schiff funktioniert - und wir sind schon so erpicht darauf, es zu testen, sodass wir sehr bald in See stechen.

Schnell haben wir uns von der Küste entfernt und befinden uns nun auf offenem Meer. Ringsum nichts als Wasser, so weit das Auge reicht. Und eine faszinierende Stille und Einsamkeit umgibt uns bei strahlendem Wetter. Eine lang Zeit genießen wir diesen Zustand und sind glücklich.

Doch dann wird es natürlich auch mal langweilig, das Wetter hat vielleicht auch umgeschlagen und eigentlich wollen wir wieder unter Menschen. Doch da wird uns bewusst, dass wir keine Karten an Bord haben und dass wir auch sonst nichts von Navigation verstehen. Geographie war auch immer schon unsere Schwachstelle – und so merken wir schnell, das wir ein Problem haben: Wie finden wir wieder zurück in einen sicheren Hafen? Unter Umständen kann es wochenlang dauern, bis wir mit unserem Schiff wieder Land in Sicht haben und wer weiß, wo wir dann landen? Zwar haben wir noch genügend Lebensmittel, dennoch ist uns die gute Laune bald vergangen. Wir sind aufgebrochen ohne ein Ziel, und nun irren wir herum, Wind und Wetter ausgesetzt und ohne Orientierung. Wir könnten wohl nur versuchen, mit Hilfe des Kompass eine Richtung zu halten und so lange zu fahren, bis wir Land finden. Doch wie lange würde das dauern? Jedenfalls, wenn wir dann angekommen sind, werden wir sagen müssen: Es war eine verlorene Zeit. Vielleicht ist uns die Lust aufs Seefahren dadurch so gründlich vergangen, dass wir es auch nie wieder versuchen würden.

Was war der Fehler? Wir sind aufgebrochen ohne Plan und Ziel. Wir haben die Reise angetreten, ohne überhaupt zu wissen, wohin sie geht. Wir waren so fasziniert von dem Schiff und seiner Technik, dass wir vergaßen, dass es bei einer Schiffsreise gar nicht um das Schiff geht, sondern um das Ziel, das wir mit diesem Fahrzeug erreichen wollen. Hätten wir einen Kurs in Navigation besucht und uns ein wenig mit Karten beschäftigt, dann hätten wir sicherlich ein Ziel gefunden und auch einen Weg, wie wir dieses erreichen, auch auf hoher See, wo es ja keine Wegweiser gibt. Doch das haben wir versäumt und deshalb sind wir gescheitert.

Wie ist es mit unserem Leben? Was ist das Ziel unseres Lebens? Wer weiß, wohin seine Reise geht? Wir sind doch alle ziemlich materialistisch aufgewachsen, in einer Welt, in der alles erforscht ist. Für alles gibt es eine Gebrauchsanweisung. Als moderne Menschen wissen wir ganz genau, was wir sind und was wir haben und vor allem was wir wollen. Wir begeben uns auf die Reise des Lebens, bestens ausgestattet, und dann kommen wir irgendwann drauf, dass wir eines nicht wissen: nämlich, was wir sollen! Denn der Materialismus ist nicht in der Lage, uns Sinn und Ziel zu vermitteln.

Wir haben die Gebote Gottes, das … du sollst! schon lange abgewiesen und damit aber auch gleichzeitig unserer Reise den Sinn und das Ziel genommen. Wir wissen nicht mehr, wohin es geht und was am Ende dabei herauskommt.

DAS ZIEL UNSERES GLAUBENS

Aber auch wenn wir gläubig sind, stellt sich uns die Frage: Was ist denn eigentlich das Ziel unseres Glaubens? Wo soll denn die Reise hingehen und mit welchen Karten und Navigationsgeräten werden wir dieses Ziel erreichen? Wenn wir nicht wissen, wohin es geht, können wir genauso umherirren wie diejenigen, die nicht glauben. Was ist aber das Ziel unseres Glaubens?

Das ist die Frage, um die es heute geht, und wir wollen dazu einen Bibeltext lesen: 2. Petrus 1. 3-9. Vorerst lesen wir aber nur die ersten beiden Verse.

3 Alles was zum Leben und zur Frömmigkeit dient, hat uns seine göttliche Kraft geschenkt durch die Erkenntnis dessen, der uns berufen hat durch seine Herrlichkeit und Kraft. 4 Durch sie sind uns die teuren und allergrößten Verheißungen geschenkt, damit ihr dadurch Anteil bekommt an der göttlichen Natur, die ihr entronnen sein der verderblichen Begierde in der Welt.

DAS KAPITAL DES GLAUBENS

Natürlich ist es legitim, sich zuerst einmal das Boot anzusehen, bevor wir die Reiseroute festlegen. Wir fragen also zuerst nach dem Kapital unseres Glaubens, den Mitteln, mit denen wir das Ziel erreichen wollen. Da haben wir also ein ziemliches Hightech-Boot. Es ist absolut tauglich. Alles ist da, was wir brauchen für eine lange Reise. Ich weiß nicht wie viel PS ein moderner Schiffsmotor heute hat, dieser hier hat auf jeden Fall mehr. Nicht irdische Kraft aus irgendwelchen materiellen Energiequellen steht uns zur Verfügung, nein, der Treibstoff unseres Glaubensmotors ist göttliche Kraft - und die Energiequelle ist die Erkenntnis dessen, der uns berufen hat, durch seine Herrlichkeit und Kraft.

War nicht schon der Anfang unseres Glaubenslebens gekennzeichnet von dieser Kraft? Hat er uns nicht schon damals seine Herrlichkeit gezeigt, indem er uns befreit hat von dem, was uns schon immer belastet hat? Frei gemacht vom alten Leben mit seinem bösen Gewissen, durften wir an Bord kommen und standen ganz erstaunt vor diesem Wunderwerk des Geistes, nicht der Technik. Göttliche Natur! ... und wir haben daran Anteil. Es gehört uns, es steht uns ganz und gar zur Verfügung für unser Leben, es gibt nichts, was fehlt, absolut nichts. Wie einst die Pilgerväter in See stachen, um Europa mit seinen andauernden Kriegen und die bittere Armut zu verlassen, so könnten wir nun auch ablegen, die heimatlichen Gestade verlassen die uns nichts einbrachten, und versuchen, die neue Welt zu erobern.

Doch mancher zögert noch, die vollen Segel zu setzen. Warum? Nun, vielleicht ist er nicht so dumm, dass er einfach loslegt; wohl wissend, dass es vorerst noch gilt, sich über das Ziel des Glaubenslebens Gedanken zu machen. Was soll denn da am Ende dabei rausschauen? Wo sollen wir ankommen? Und gibt es Zwischenziele oder Orientierungspunkte, damit wir uns nicht verirren? Auch darüber gibt uns unser heutiger Text Auskunft, wir lesen weiter Vers 5-7:

5 So wendet alle Mühe daran und erweist in eurem Glauben Tugend und in der Tugend Erkenntnis 6 und in der Erkenntnis Mäßigkeit und in der Mäßigkeit Geduld und in der Geduld Frömmigkeit 7 und in der Frömmigkeit brüderliche Liebe und in der brüderlichen Liebe die Liebe zu allen Menschen.

Diese beiden Verse erinnern mich ein wenig an die russischen Puppen, bei denen eine in der anderen versteckt ist.

Wenn man eine aufmacht, ist darin eine kleinere und die beinhaltet eine noch kleinere usw.

Nur was mich an dem Bild stört, ist, dass es in unserem Fall eher immer um etwas Größeres geht. Es beginnt mit dem kleinsten und im kleinen steckt etwas, das größer ist. Macht man diese Schachtel auf, ist darin etwas noch Größeres. So geht es immer weiter, bis man zum Größten kommt, der Liebe zu allen Menschen, wie hier geschrieben steht.

So haben wir also in dieser Kausalkette eine konkrete Zielvorgabe für unseren Glauben. Ein Navigationsinstrument für unsere Schiffsreise, das uns schließlich ans sichere Ziel bringen will: die Liebe zu allen Menschen! Das, was Petrus hier in seinem Brief schreibt, hatte auch Paulus schon gesagt, wenn auch mit weniger Worten. Es ging damals um eine Stellungnahme zu dem leidigen Thema, das damals die Gemeinden bewegte, ob nämlich die jüdische Beschneidung für Christen eine Bedeutung hätte. Darauf antwortet Paulus in Galater 5.6: *„Denn in Christus Jesus gilt weder Beschneidung noch Unbeschnittensein etwas, sondern der Glaube, der durch die Liebe tätig ist."*

Dieser Vers nennt ebenso wie unser Text den Glauben als Ursprung und die Liebe als Ziel unserer Kraft, die wir von Gott erhalten haben. Nur dass Petrus etwas näher darauf eingeht und uns auch die Zwischenstationen unserer Reise nennt. Es erscheint doch sonst so, als ob alles andere keine Bedeutung hätte. Als wäre der Spannungsbogen zwischen Glaube und Liebe so leicht zu erhalten. *„Du musst nur glauben"* und *„Du musst einfach lieben"* – das können doch auch recht harte Floskeln sein, mit denen man Menschen in Krisenzeiten unbarmherzig behandelt, als ob das immer so einfach wäre. Doch Petrus zeigt uns da, dass in diesem eingeschlossen auch noch andere Dinge wichtig sind und uns zur Orientierung und Verwirklichung unseres Zieles dienen können, gerade so wie Leuchttürme auf hoher See.

Gehen wir doch nun einmal im Einzelnen auf diese Dinge ein.

Es beginnt mit dem Glauben. Die äußere Hülle, wie es scheint. Dennoch ist diese Verpackung kleiner als das was in ihr drin ist. Jesus hat einmal gesagt:

... wenn ihr Glauben habt wie ein Senfkorn, so werdet ihr zu diesem Berg sagen: Hebe dich weg von hier dorthin! und er wird sich hinwegheben. Und nichts wird euch unmöglich sein. (Mat. 17.21)

Also hier ganz klar das Prinzip: kleine Ursache, große Wirkung! Es war ein großes Missverständnis der Reformation, dass die Wiederentdeckung der Glaubensgerechtigkeit durch Martin Luther, also das: *„Abraham glaubte und es wurde ihm gerechnet zur Gerechtigkeit"*, immer wieder umgedeutet wurde, so als ob es eben nur um die Rechtfertigung ginge, um das Tilgen der Schuld und der Glaube nicht auch noch praktische Wirkung zeigen sollte. *Aus Glauben, nicht aus Werken werden wir gerecht*, heißt es. Doch dann finden wir plötzlich im Jakobusbrief die kritische Anfrage: *„Zeige mir Deinen Glauben und ich zeige dir meine Werke, denn ohne Werke ist der Glaube tot."*

Ich denke, dass sich dieses Missverständnis aufklärt, wenn wir das so sehen, wie es auch hier im Petrusbrief steht: Der Glaube, der selig macht, hat Wirkungen in sich, die danach verlangen, entfaltet zu werden. Nur so hat er wirklich einen Sinn. Biblischer Glaube ist teleologisch. Telos heißt das Ziel. Er ist also auf ein Ziel gerichtet.

IN DEM GLAUBEN DIE TUGEND

Das erste Zwischenziel ist Tugend. Was ist das für ein merkwürdiges Wort? Verstehen wir das heute überhaupt noch?

Ich habe einen Übersetzungsvergleich gemacht, bei diesem und auch allen weiteren Begriffen, damit wir der Sache wirklich auf den Grund gehen. Übersetzungsvergleiche sind deshalb so aufschlussreich, weil sie uns zeigen, wie die Übersetzer der Bibel, denen ich alle unterstelle, dass sie sehr gewissenhaft arbeiten, doch darum ringen, den richtigen Ausdruck zu finden, der dem entspricht, was die Menschen heute unter einem bestimmten altgriechischen Begriff verstehen. Dass nun dies ein Begriff ist, bei dem das besonders schwer ist, zeigen uns die verschiedenen Übersetzungen, die zum Teil schon Umschreibungen sind, weil der Begriff Tugend eben von vielen Menschen nicht mehr richtig verstanden wird. Eine Alternative wurde also gesehen in: vorbildlicher Lebenswandel – *NL und HfA*[4].

Um zu sehen, ob diese Umschreibungen eine befriedigende Lösung bietet, wollen wir auch in einer griechischen Worterklärung nachsehen, die ich meinem Online Bibelprogramm entnommen habe. Das Wort heißt *„arete"* und kommt von dem Eigenschaftswort *ares*, das heißt tüchtig. Eine Tugend ist nun jede Art von wertvoller Eigenschaft im Charakter oder Verhalten des Menschen.

Das heißt also, dass der Glaube in erster Linie charakterformend ist. Eine Veränderung muss sichtbar werden, gleich als erste Auswirkung des Glaubens. Als ich gläubig wurde, merkte meine Umgebung das, Gott sei es gedankt, sofort. Sie nahmen mich zwar noch nicht wirklich ernst, denn sie dachten, das wäre nur vorübergehend. Ich hatte auch noch nicht genügend Erkenntnis, um ihnen zu erklären, was mit mir geschehen war. Doch ich war vom Moment an bestrebt, das Richtige zu tun, und wusste, dass ich nicht mehr so leben kann wie früher, als es für mich keine Tugend gab, sondern alles nur einem sinn- und

---

4   NL (Neues Leben Übersetzung) und HfA (Hoffnung für alle)

wertlosen Lebenswandel auf rein materieller Basis entsprach und ich völlig meinen Süchten und Trieben verhaftet war.

Dabei stand, eben weil ich noch nicht viel verstand, in diesen Anfangstagen meines Glaubens der bloße Gehorsam im Vordergrund, ohne noch zu verstehen, warum ich manches tat. Ich tat vieles deshalb, weil es andere Christen so machten. Doch das änderte sich bald, als eine neue Wirkung des Glaubens dazu kam.

IN DER TUGEND DIE ERKENNTNIS

Die Erkenntnis ist ein wesentlicher Teil des Glaubenslebens. Was heißt aber Erkenntnis? Wenden wir uns wieder dem Übersetzungsvergleich zu: Da merken wir, dass diesmal die Unterschiede nicht so krass sind. Nur die *HfA* umschreibt wieder mit: *„Jeder soll sehen, dass ihr Gott kennt."* Sonst ist nur mehr die *NL* abweichend, die eine *„tiefere Erkenntnis"* veranschlagt, also nicht das, was man gemeinhin als, nur etwas mit dem Verstand begriffen zu haben, meint.

Das griechische Wort scheint dies auch tatsächlich so zu bestätigen. Das Wort *„Gnosis"*[5] bedeutet nicht nur Wissen, sondern es geht dabei auch um ein intuitives Erfassen geistlicher Wahrheiten. Einsicht gewinnen, nicht nur in Zusammenhänge. Dies kann sogar im Bezug auf die Herrlichkeit und die Ausstrahlung eine hochgestellte Persönlichkeit gemeint sein, damals etwa des Kaisers. Aus biblischer Sicht bedeutet das aber natürlich die Erkenntnis der Herrlichkeit Gottes selbst und seines Sohnes Jesus Christus.

Zusammengenommen mit dem vorhin Gesagten können

---

5   Nicht zu verwechseln mit dem Begriff Gnosis als Irrlehre, die im zweiten Jahrhundert aufkam und die Erkenntnis als höchste Tugend einsetzte, wobei Sie sich auch griech. philosophischer und heidnischer Quellen bediente. Hier ist Gnosis (Erkenntnis) eben nur ein Teilziel und nicht das Endziel das es zu Erreichen gilt, wie Gnostiker lehrten.

wir davon ausgehen, dass es sich um ein tieferes geistliches Verstehen der Vorgänge im Reich Gottes handelt, das es uns ermöglicht, verstärkt das Richtige zu tun und das Falsche bleiben zu lassen.

Auch wenn ich mich schon am Anfang meines Glaubenslebens veränderte, so kam doch die eigentliche grundlegende Veränderung meines Lebens erst nachher, als ich erkannt hatte, was der Wille Gottes tatsächlich ist. Manches, was ich nur übernommen hatte, ließ ich wieder fallen. Anderes dagegen erkannte ich selbst und hielt umso eifriger daran fest, denn ich konnte dank meiner Erkenntnis nun auch begründen, warum ich etwas tat oder nicht tat.

Ich muss aber auch gestehen, dass ich nicht immer sofort alles tat, was ich erkannte. Aber dann nagte es in mir. Ich lebte so, doch meine Erkenntnis sagte mir, dass ich eigentlich anders leben sollte. Es ging mir schlecht, bis ich Buße tat und mich neu nach dem ausrichtete, was ich als Willen Gottes erkannt hatte. Denn kein Mensch kann wirklich dauerhaft gegen seine inneren Überzeugungen leben; schließlich muss man sich ja jeden morgen in den Spiegel sehen. So ist es die Erkenntnis, die uns tiefer in die Heiligung treibt. Wenn wir das nicht zulassen, dann verlieren wir unseren Glauben wieder, da wir dann das Erkannte verwerfen, um wieder so leben zu wollen wie früher.

Mir jedenfalls hat jede Neuausrichtung im Glaubensleben gut getan. Das Leben gewann wieder an Kraft und Freude. Wenn Du in Deiner Erkenntnis weiter bist als in Deinem Wandel, dann möchte ich Dich dazu auffordern, heute darüber nachzudenken, wie lange es noch so sein soll. Ob es nicht an der Zeit ist, den nächsten Schritt zu tun in Richtung auf das Ziel?

In der Erkenntnis Mässigkeit

Das von Luther gebrauchte Wort Mäßigkeit ist nicht sehr

aussagekräftig, denn es geht hier nicht darum, dass wir einfach nur ein wenig zurückstecken, nach dem Motto: Nur nichts übertreiben!

Die anderen Übersetzer haben hauptsächlich mit *Selbstbeherrschung* übersetzt. Nur die *Rev. Elb.* hat *Enthaltsamkeit,* was mir wieder zu materialistisch klingt. Denn es geht um mehr, das zeigt auch wieder ein Blick in das altgriechische Wörterbuch:

Das Wort *„enkrateia"* hat einen sehr sportlichen Charakter. Es bedeutet, durch Ausdauer eine Sache zu meistern. Es kann aber auch Abhärtung gegen etwas heißen - Kondition. Oder auch die bereits erwähnten Begriffe Enthaltsamkeit und Selbstbeherrschung zusammen. Eigentlich könnte man es auch mit Disziplin übersetzen. Das englische Wort für Jünger heißt Disciples, also ein Disziplinierter, aber natürlich nicht im Sinne von Bestrafung, sondern im sportlichen Sinne einer Selbstdisziplin. Heute ist dies ja leider auch schon ein Unwort geworden.

Aber worum es eigentlich geht, ist die Selbstkontrolle über seine Lüste und Leidenschaften zu haben, ganz gleich ob es sich um sexuelle Lust handelt, oder um irgendwelche anderen Süchte oder, was vielleicht viel häufiger vorkommt, um emotionale Unkontrolliertheiten. Also vielleicht ist ja Selbstbeherrschung wirklich noch die treffendste Übersetzung. Im Übrigen war das alte Wort dafür Keuschheit, das wegen seiner heute einseitigen Fixierung auf geschlechtliche Enthaltsamkeit viel zu eingeschränkt ist.

In dieser Phase wird uns natürlich bewusst, dass es nicht leicht ist. Denn wie Paulus schon sagte: *„Das Fleisch streitet gegen den Geist und der Geist gegen das Fleisch."* Das heißt doch: Erkenntnis zu haben garantiert noch nicht, dass ich auch ihr gemäß leben kann oder will. Dazu braucht es eben die Disziplin oder Selbstbeherrschung. Ohne diese Kontrolle der Leidenschaften bleibt auch das geistliche Leben auf der Strecke. Diese schmerzhafte Erfahrung habe ich selbst gemacht und auch bei vielen anderen immer wieder beobachtet.

In der Mässigkeit Geduld

Nichts desto trotz ist es möglich, zur Selbstbeherrschung zu gelangen - und man möchte meinen, dass wer sie hat, der hat auch Geduld – das sind ja fast Synonyme. Aber es ist doch nicht ganz so.

Denn der Übersetzungsvergleich zeigt es ja an, dass es sich wieder um ein schwierigeres Wort handelt, bei dem sich die Übersetzer nicht ganz einig waren, welches deutsche Wort sie nehmen sollten: *Ausharren, Ausdauer, Standhaftigkeit* oder eben Geduld.

Das griechische *„Hypomone"* meint nämlich jene Geduld, die mit der Überwindung des Leidens durch Ausharren verbunden ist. Es geht dabei zum einen sicherlich um jenen Leidensdruck, der sich infolge der inneren Auseinandersetzung mit unserer fleischlichen Schwachheit und unserer, immer ein Stück weit vorauseilenden Erkenntnis einhergeht, wie wir gesehen haben. Die Tatsache dass wir darunter leiden, zeigt uns auch, das wir weiterkommen wollen und wir werden dies auch, aber wir brauchen Geduld. Wir würden viel lieber gleich in einem Aufguss die Vollkommenheit haben wollen - und manchmal verstehen wir es überhaupt nicht, warum wir das nicht können, doch es wird uns eben alles nur nach dem Maß der Gnade Gottes zuteil.

Zum Anderen gilt dieses Wort aber auch noch in einem anderen Zusammenhang. Als Jesus von dem Widerstand sprach, der uns von Seiten der Welt entgegengebracht wird, wenn wir ihn bezeugen, sagte er (Mat. 10:22): *„Gewinnet Eure Seelen durch euer standhaftes Ausharren."* In Zeiten der Verfolgung heißt es also auch, Geduld zu haben. Jesus hat hier denselben griechischen Begriff verwendet - und er ist auch wieder auf Leiden bezogen, diesmal aber durch Druck von außen.

IN DER GEDULD FRÖMMIGKEIT

Schon wieder so ein antiquiertes Wort, mögen einige denken. Gut, schauen wir uns wieder die anderen Übersetzungen an, weil es wirklich wichtig ist, zu verstehen worum es geht. Die *Rev. Elberfelder* sagt *Gottseligkeit* und in der Fußnote *Gottesfurcht*. *HfA* sowie *NL* nehmen wieder bei einer Umschreibung Zuflucht, die aber nicht sehr überzeugend ausfällt. *Gute Nachricht* und *Einheitsübersetzung* bleiben bei Frömmigkeit.

Das griechische Wort heißt *„Eusebeia"* und wird erklärt mit: Gottesfurcht, die gegenüber Gott ausgeübte praktische Frömmigkeit.

Aha, nun wissen wir schon, dass es um etwas Praktisches geht, um etwas, das man ausübt. Das kann also nicht jene Frömmigkeit sein, die wir in unserem Kulturkreis verstehen – so mit verklärten Blick und seltsamen Redewendungen.... Nein, Frömmigkeit im biblischen Sinn ist einfach nur das angemessene Verhalten gegenüber Gott in Wort und Wandel. Ein Leben, das authentisch ist, sollte man sagen, in dem das Bekenntnis auch mit dem übereinstimmt, was man tut. Im Heidentum war damit eigentlich die kultische Verehrung des Götzen gemeint, das Darbringen der Opfergaben. Doch schon im Judentum galt, dass ein Opfer sinnlos ist, ja Gott ein Gräuel, wenn das Leben nicht gekennzeichnet war von Tugend und Gerechtigkeit.

Erst recht war das dann im Christentum so, als ja die Opfer ganz wegfielen, weil Jesus das Opfer für uns ein für allemal dargebracht hat. Nun heißt fromm sein ganz einfach: gerecht dem Evangelium gemäß leben. Auf alles andere legt Gott viel weniger Wert, als wir manchmal denken. Manche möchten vielleicht noch Anbetung mit hineinnehmen in diesen Begriff, dazu nur so viel: das Opfer des Lobpreises ist auch keine Ausnahme, es verlangt wie jedes Opfer nach einem ethisch authentischen Lebenswandel.

Waren dies alles nun noch die Zwischenstationen auf dem Weg zum Ziel, so nähern wir uns nun diesem, indem wir bei der Bruderliebe angelangt sind.

IN DER FRÖMMIGKEIT DIE BRUDERLIEBE

Bruderliebe, das verstehen wir wieder! Wir wissen natürlich auch, dass damit Glaubensgeschwister gemeint sind und nicht nur männlichen, sondern auch weiblichen Geschlechtes.

Schon in Griechenland galt zwar dieses Wort *„Philadelphia"* nur für die Liebe unter Geschwistern oder Verwandten im erweiterten Sinne, aber die Christen gebrauchten es von Anfang an, um damit die gegenseitige Zuneigung zu beschreiben, die sie empfanden, wenn sie sich trafen – und wohl auch die Verpflichtung, die damit verbunden ist, denn seinen Bruder zu lieben war selbstverständlich eine Pflicht. Der Familiensinn der Antike war bedeutend größer als unserer heute. Die Familie war ein Ganzes, das wichtiger war als der Einzelne. Der Familienverband konnte auch nur dann überleben, wenn diese Solidarität der Liebe hochgehalten wurde. So erlebten auch die ersten Christen dieses „Aufeinander-Angewiesen-Sein". Und sie bemühten sich um diese Liebe, sodass die Gemeinschaft jedem wichtiger war als das eigene Leben.

Wir sind heute weitgehend Kinder einer postmodernen Gesellschaft und als solche haben wir alle einen ausgeprägten Hang zum Individualismus und zu autonomen Handeln. Das war damals nicht so. Und ich denke, dass Gott es zulassen wird, dass die Zeiten wieder schlechter und schlechter werden. Denn dann werden wir auch wieder nach der Solidargemeinschaft in Familie und Gemeinde verlangen und diese natürliche Liebe, die Philadelphia kann wieder zunehmen. Wenn das nicht geschieht, bedeutet dies ohnehin das Ende unserer Zivilisation. Doch so angenehm Philadelphia, die Bruderliebe war, die Gemeinde wusste auch noch um ein höheres Ideal. Philadelphia war eigentlich nur das Training für eine weit höhere Berufung der Gläubigen - und zwar für das eigentliche Ziel.

In der Bruderliebe die Liebe zu allen Menschen

Was ist damit gemeint, mit diesem letzten Begriff, der das Ziel des Glaubens darstellt? Der Übersetzungsvergleich ist wieder wenig aufschlussreich. *„Liebe zu allen Menschen"* ist nur eine Umschreibung von Luther, der sich nicht alle anschließen. Viele übersetzen nur mit Liebe, obwohl dies natürlich keinerlei Steigerung gegenüber Bruderliebe impliziert. Warum tun sich die Übersetzer nun hier wieder so schwer? Ganz einfach, weil es kein deutsches Wort gibt, das dem griechischen auch nur annähernd entspricht.

„Agape" ist nämlich die höchste Form der Liebe, die göttliche Liebe. Jene Liebe die keine Gegenliebe sucht. Deshalb ist die Umschreibung Liebe zu allen Menschen auch wieder nicht so falsch. Denn ich kann zwar nicht wirklich alle Menschen lieben. Ich kenne ja gar nicht alle Menschen - und wenn ich sie nicht kenne, ist es allemal leichter sie zu lieben, als wenn ich sie kennenlerne, wie sie wirklich sind. Nein, solch eine unverbindliche allgemeine Weltliebe ist damit nicht gemeint. Mit dieser Agape-Liebe bin ich aber in der Lage, alle Menschen zu lieben, selbst dann wenn ich sie von ihrer schlechtesten Seite kennen gelernt habe. Das ist nämlich die Liebe, die Jesus hatte, als er am Kreuz für seine Mörder und Peiniger betete: „Vater vergib ihnen, denn sie wissen nicht, was sie tun."

Das ist die göttliche Liebe, die das Ziel unseres Glaubens ist. Diese Liebe ist es auch, die sich im barmherzigen Samariter zeigte. Denn Philadelphia war es nicht, was ihn bewegte.

Der Jude war ja nicht sein Bruder, er war eigentlich sein Feind. Doch er rettete ihn in der Liebe, die man nur mit Agape bezeichnen kann, die höchste Form der Liebe. Sie ist somit jene Liebe, die die Liebe zu Gott mit der Nächstenliebe in sich vereint und damit auch das Gesetz zur Gänze erfüllt.

ERFOLG UND MISSERFOLG

Wir haben nun in 7 Schritten gesehen, wie der Glaube sein höchstes Ziel erreicht. Eines in das andere eingefügt. Wie ein geheimnisvolles Geschenk, das man auspackt - und der Inhalt enthält jeweils ein noch wertvolleres Geschenk. Das Innerste aber ist das Wertvollste. Es ist ein Juwel mit starker Leuchtkraft, das durch alle anderen Hüllen hindurch ausstrahlt in eine verlorene Welt, die von Gott geliebt wird. Wenn wir diese Liebe haben und leuchten lassen, dann haben wir alles getan und das Ziel unseres Glaubens erreicht. Wie Petrus am Schluss dieses Abschnittes schreibt:

Denn wenn dies alles reichlich bei euch ist, wird 's euch nicht faul und unfruchtbar sein lassen in der Erkenntnis unseres Herrn Jesus Christus.

Wer dies aber nicht hat, der ist blind und tappt im Dunkeln und hat vergessen, dass er rein geworden ist von seinen früheren Sünden

Diese sieben Schritte entscheiden über Erfolg oder Misserfolg unseres Glaubenslebens. Denke darüber nach und prüfe Dich selbst! Wo stehst Du? Und wo willst Du hingelangen?

Ich wollte Dich in diesem Kapitel ermutigen, zu kämpfen. Es ist normal, dass wir das Ziel nicht sofort erreichen. Aber es ist auch normal, dass wir es doch erreichen. Es kommt nur darauf an, ob wir uns der Glaubenswirklichkeit stellen und auf das Ziel zusteuern, oder ob wir mit dem Schiff nur so ein wenig herumgondeln. Tu das nicht - die Gefahr sich zu verirren und Schiffbruch zu erleiden, ist zu groß.

Gott schenke uns, dass wir alle unser Ziel erreichen.

MOTIVIERT VON DER LIEBE

DER EINSATZ EINES APOSTEL FÜR SEINE GEMEINDE – 2. KOR. 5:14-21

Wenn wir von Liebe sprechen, dann sind falsche Vorstellungen, die wir durch die einseitigen Verzerrungen dieses Begriffes durch die Massenmedien haben, oft hinderlich. Ich meine nicht nur, dass Liebe meistens als erotische Liebe gemeint ist, sondern dass da, wo durchaus ernst von menschlicher Zuwendung und Anteilnahme im zwischenmenschlichen Sinne die Rede ist, meist mit Liebe ein ausgeglichener Zustand der Harmonie und des Friedens gemeint ist. Doch dies ist ein Irrglaube. In Wahrheit ist Liebe ein Spannungsfeld. Dort wo sie auftritt, wird sehr oft gerungen und gekämpft. Etwa in der Erziehung. Natürlich lieben Eltern ihre Kinder, gerade deshalb setzen sie ihnen Grenzen, auch wenn diese das nicht verstehen, ja sogar manchmal als lieblos empfinden.

Um dieses Spannungsfeld der Liebe geht es in diesem Kapitel. Wir wollen erkennen, dass Liebe keine Wolke unter unseren Füßen ist, die uns in den Himmel trägt, sondern dass sie eine Last bedeutet, die uns ganz auf dem Boden der Realität hält, denn noch sind wir nicht dem irdischen entrückt und die Menschen, die wir lieben, befinden sich nicht in einem Idealzustand. Die Bibel bezeichnet den natürlichen Menschen als verloren - und auch der Gläubige steht immer in Gefahr, vom Bösen überwunden zu werden. Vielfältig sind solche Möglichkeiten und wenn jemand davon betroffen ist, dann leiden alle jene, die diesen Menschen lieben. Sie wollen ihm helfen - und das bedeutet nicht selten zuerst einmal Konflikt. Liebe ist also mehr Last als Lust - und diese Last zu tragen braucht eine ganz besondere Motivation. Darum geht es in folgendem Bibeltext. 2. Korinther 5:14-21

Denn die Liebe des Christus drängt uns, da wir von diesem überzeugt sind: Wenn einer für alle gestorben ist, so sind sie alle gestorben; **15** *und er ist deshalb für alle gestorben, damit die, welche leben, nicht mehr für sich selbst leben, sondern für den, der für sie gestorben und auferstanden ist.*

16 *So kennen wir denn von nun an niemand mehr nach dem Fleisch; wenn wir aber auch Christus nach dem Fleisch gekannt haben, so kennen wir ihn doch nicht mehr so.* **17** *Darum: Ist jemand in Christus, so ist er eine neue Schöpfung; das Alte ist vergangen; siehe, es ist alles neu geworden!*

18 *Das alles aber [kommt] von Gott, der uns mit sich selbst versöhnt hat durch Jesus Christus und uns den Dienst der Versöhnung gegeben hat;* **19** *weil nämlich Gott in Christus war und die Welt mit sich selbst versöhnte, indem er ihnen ihre Sünden nicht anrechnete und das Wort der Versöhnung in uns legte.*

20 *So sind wir nun Botschafter für Christus, und zwar so, dass Gott selbst durch uns ermahnt; so bitten wir nun stellvertretend für Christus: Lasst euch versöhnen mit Gott!* **21** *Denn er hat den, der von keiner Sünde wusste, für uns zur Sünde gemacht, damit wir in ihm [zur] Gerechtigkeit Gottes würden.*

In diesem Text gehört wohl der V 17 mit zu den bekanntesten Bibelversen unter Gläubigen. Bei Ungläubigen ist er eher weniger bekannt. Wir lernen diesen Vers auswendig, meist beim Taufunterricht. Wir erfahren, dass es mit der Bekehrung zur Wiedergeburt des Menschen kommt und uns dieser Vers nun sagt, dass wir neue Menschen geworden sind. Aber die Bedeutung diese Verses ist viel weiter gehend, als man denkt, wenn man ihn nur so isoliert betrachtet. Es lohnt sich, Bibelverse immer in ihrem Kontext zu sehen. Ein einzelner Vers ist wie eine Glühbirne, die erst zu leuchten beginnt, wenn wir sie in den Stromkreislauf bringen. Der Kontext, also der Text, in dem der Vers eingebettet ist, stellt diesen Stromkreis dar.

Ich muss dazu sagen, dass mir dieser Vers immer wieder Mühe machte. Denn wie ihr sicher auch schon festgestellt habt, ist die Praxis alles andere als bestätigend. Wir sind irgendwie doch immer noch die Alten. Rein körperlich ohnehin, aber auch die Möglichkeit zu sündigen ist uns immer noch gegeben. Zwar quält uns jede Sünde, mehr als zuvor, als wir noch ungläubig waren, weil unser Gewissen sensibler geworden ist, aber die Tatsache, dass wir immer noch sündigen können, obwohl wir wiedergeboren sind, überrascht uns angesichts dieses Verses. Ist denn wirklich „alles neu" geworden?

DER NEUE MENSCH IN CHRISTUS

Die Bibelübersetzer haben sich hier anscheinend auch schon den Kopf zerbrochen und konnten sich nicht recht einigen: So übersetzte man in der Elberfelder und in der Luther1984: „Siehe, Neues ist geworden"; während die HfA sagt: „... etwas Neues hat begonnen". Man verzichtet also auf das „alles".

Aber die neue Schlachter 2000, die ich in meinen Predigten verwende, ist dabei geblieben und das ist korrekt, denn dort steht im griechischen eben doch noch ein Wort. Wenn wir uns aber dieses griech. Wort ansehen, dann erkennen wir, wo das Problem liegt. Dieses Wort (pas, pasa, pan jeder,-e,-s) wird in vielfacher Weise anders gebraucht als unser Wort alles. Eigentlich müsste es Jeder heißen. Denn es wird angewendet auf die Teile eines Ganzen. Zum Beispiel wenn es aufs Gesetz angewendet werden würde, hieße das nicht ein Gesetz, sondern ALLE Gesetze sind neu geworden, im Sinne von jede Art von Gesetz.

Das will aber nicht so recht passen, wenn wir es auf den einzelnen Gläubigen beziehen, denn der ist ja nur einer und wenn wir ihn auch in die Bestandteile seiner Persönlichkeit zerlegen, dann ist doch zumindest der Leib eben nicht neu, wie uns die Bibel an anderer Stelle selbst sagt.

Es funktioniert eigentlich nur, wenn wir diesen Vers nicht im individuellen Sinne auslegen, sondern im gemeinschaftlichen Sinn, dann würden wir das als *„Jeder ist neu geworden"* deuten. Gibt es dafür einen Anhaltspunkt? Ja, es ist eben der Kontext. Denn in den beiden ersten Versen kommt bereits klar zum Ausdruck, worum es in diesem Abschnitt geht: es geht um Alle!

Das Motto Einer für Alle, Alle für Einen ist ausgegeben und bezieht sich auf den Tod Christi und unserem geistlichen Tod für die Welt. Wir sind mit ihm gestorben, um für ihn zu leben, und nun nicht mehr für die Welt und nach dem Lauf dieser Welt. So macht es durchaus Sinn, an die Stelle des Wortes alle das Wort jeder zu setzen. Jeder der zu Christus gehört ist eine neue Kreatur und hat sich dementsprechend zu verhalten.

Auch die Verse danach und damit der ganze Abschnitt handelt nicht von einer Lehre persönlicher Erlösung und Heiligung (Soteriologie), sondern es ist ein Abschnitt, der von dem spricht, was wir als Gemeinde tatsächlich gemeinsam haben (Ekklesiologie). Das ist eben eine gemeinsame Verantwortung und Verpflichtung, die aus dem heraus entspringt, dass Christus für uns alle und nicht nur für einen von uns sein Leben gelassen hat - und dass er uns in einen gemeinsamen Dienst gestellt hat und nicht jeden in einen anderen (auch wenn jeder mit einer anderen Gabe dient).

Im Spannungsfeld der Liebe

Hier haben wir nun auch schon das Spannungsfeld aufgezeichnet, von dem die Rede war. Paulus spricht von der Liebe Christi, die ihn drängt. Wozu drängt sie ihn? Sie drängt ihn zu den Korinthern, sie drängt ihn, diese zu ermahnen und zu ermutigen, eben das alles anzunehmen, was er schreibt. Und es ist ja schon der zweite Brief, den er an diese Gemeinde in Griechenland sendet.

Dabei müssen wir sehen, dass Paulus ja gewissermaßen als Eindringling empfunden wurde. Als einer, der sich den Korinthern aufdrängte, um ihnen zu sagen, wie sie ihre Probleme zu lösen hätten. So etwas kommt heute und kam auch damals selten gut an, und Paulus, der ja die Gemeinde auf seiner zweiten Missionsreise gegründet hatte, also nicht ganz unberechtigt dazu war, musste sich gerade in seinem zweiten Korintherbrief verteidigen. Er tut das an mancher Stelle, denn er weiß natürlich selbst, wie er angekommen sein musste mit seinem 1. Brief, der eine ganze Reihe von ernsten Ermahnungen und konkreten Empfehlungen beinhaltete. Es ging um Ehebruch, Betrug und Missbrauch des Abendmahles in Korinth, um nur die wichtigsten Missstände zu nennen. Er war aber schon eine Weile weg aus Korinth. Hatte er wirklich noch das Recht, sich derart zu echauffieren? Oder mischte er sich unberechtigt in fremde Angelegenheiten?

Im zweiten Korintherbrief, der nun vielmehr Ermutigung als Ermahnung enthielt, nicht zuletzt, weil die Korinther tatsächlich viele Missstände beseitigt hatten, entschuldigt er sich nun gewissermaßen. Und er tut das hier mit diesen Worten *„Die Liebe Christi dränget uns…"*, wobei er mit uns die Apostelschaft meint, zu der er sich berechtigterweise zählt, wie er an anderer Stelle ausführt.

Dieser Satz von der Liebe, die ihn allein motivierte, diese Briefe geschrieben zu haben, bildet die Einleitung zu einer ganzen Argumentationskette, die darauf hinausläuft, dass er sich im Sinne der Erneuerung durch Christus zu den Korinthern zugehörig fühlt: Man möge doch bitte anerkennen, dass wenn Christus für die Korinther gestorben ist UND auch für ihn den Paulus, dann gehört er dazu. Dann kann er nicht an ihnen vorbeigehen, sondern muss sie ermahnen oder ermutigen, je nachdem es notwendig ist. Die Liebe verleiht ihm die Legitimation auch zur Kritik, die aber eine konstruktive Kritik ist und helfen will, die Dinge in Ordnung zu bringen. Sehen wir nun, wie weit die Spannung gehen kann, die Liebe verursacht?

Aber was heißt das: die Liebe Christi drängt ihn dazu? Das griechische Wort *syn-écho* bedeutet, jemanden zu etwas oder jemanden hin zu drängen. Wir sehen die Verwandtschaft zu den Worten, die wir heute noch gebrauchen, wie: Synthese oder Synergie. Da geht es immer darum, dass etwas, das zusammen gehört, auch zusammenkommt. Also ganz eindeutig wieder dieser Gemeinschaftsgedanke, der die Sache legitim macht.

Es ist wichtig zu verstehen: Paulus fühlt sich nicht ganz allgemein von der Liebe Christi gedrängt. Dann könnte er ja auch Sozialarbeiter werden. Er könnte irgendetwas Gutes an irgend jemandem tun. Die Liebe hat doch grundsätzlich unbegrenzte Möglichkeiten, sich zu verwirklichen,

Aber diese Liebe des Paulus drängte ihn zu den Korinthern. Sie drängte ihn dazu, den Finger auf die wunden Stellen zu legen, nicht um darin zu bohren, sondern um zu salben und zu verbinden. Denn auch wenn er entfernt war, so war er doch noch ihr Apostel, der Gründer der Gemeinde - und das gab ihm das Recht dazu. So wie Eltern, selbst wenn die Kinder schon erwachsen sind, noch lebenslang dieses Recht empfinden, ihre Kinder zu ermahnen, wenn sie diese auf falschen Wegen sehen, auch wenn sie wissen, dass sie keine Möglichkeit mehr haben, diese dazu zu zwingen umzukehren, so empfand auch Paulus diese Verpflichtung in seiner Liebe zu den Korinthern. Die Liebe gibt beiden das Recht, nicht zu schweigen – und sollte es auch dabei zum Konflikt kommen.

Ja, aber ist das wirklich so? Können wir dieses Beispiel von Eltern und Kindern wirklich strapazieren? Ist das nicht ein wenig zu viel des Guten? Das bringt uns ja in einen totale Abhängigkeit voneinander ...

Sehen wir uns an, was der Text sagt:

„Wenn einer für alle gestorben ist, so sind sie alle gestorben; 15 und er ist deshalb für alle gestorben, damit die, welche leben, nicht mehr für sich selbst leben, sondern für den, der für sie gestorben und auferstanden ist."

Wenn das so ist, können wir nicht mehr so weiterleben wie bisher. Drastisch gesagt: wir sind eigentlich mit Christus gestorben! — Aber wir leben doch noch! Hier haben wir wieder dieses Prinzip des Alten und des Neuen, von dem wir am Anfang sprachen. Paulus erklärt das so: Wenn einer für alle gestorben ist, so sind sie alle gestorben. Es hat also das Solidaritätsprinzip gegriffen. Christus ist nicht dafür gestorben, dass wir so weiterleben wie bisher, als wäre nichts geschehen. — Hallo? Gott hat seinen Sohn für uns am Kreuz geopfert, wie sollten wir da noch so weiter leben können wie bisher?

Geht es Euch auch so, dass Ihr an jedem Tag eures Lebens dies im Bewusstsein habt? Ich werde dem nicht immer gerecht, aber ich fühle an jedem Tag die Verantwortung dazu: Er ist für mich gestorben! Ich bin in seiner Schuld!

Wir denken immer: Christus hat uns von jeglicher Schuld befreit. Das stimmt auch, von jeglicher Sündenschuld, aber gleichzeitig bringt das eine neue Art von Schuld mit sich: Wir sind nämlich schuldig, für ihn zu leben. Also ein neues, ganz anderes Leben zu führen, als wir es bisher gewohnt waren.

Wie aber verwirklicht sich das in unserem Leben? Nun,

Christus ist im Himmel. Was können wir für ihn tun? Wie wir wissen, ist es kein Opfer mehr, das er braucht (außer dem Opfer der Hingabe). Ich halte es auch für ein Gerücht, dass er unsere Anbetung braucht. Sie ist vielleicht ganz nett, aber sicher loben die Engel im Himmel schöner. Wir sehen in der Offenbarung, dass er auf einem Thron sitzt und wartet, bis ihm der Vater seine Feinde unterwirft. Können wir dazu etwas beitragen? Wohl kaum, denn das ist ein geistlicher Kampf.

Was also können wir tun, um ganz für ihn da zu sein, für ihn zu leben? **Alles, was wir für Jesus tun können, können wir eigentlich nur an denen tun, für die er auch gestorben ist.** Und darum geht es, um die Gemeinschaft der Heiligen. Ich habe den Eindruck, dass in der heutigen Zeit kein anderes theologisches Prinzip so sehr verletzt wurde, wie das der »Gemeinschaft der Heiligen«. Christus hat nicht dich und mich erkauft mit seinem Blut, sondern er hat UNS erkauft. Er ist für UNS gestorben - und alle, die das betrifft, sollen nun zusammen für ihn leben. Das ist das, was Paulus hier sagt.

Es geht um diejenigen, die einmal die Braut Christi darstellen sollen. Darum kann jeder Dienst für Christus nur ein Dienst für die Gemeinde, an und mit den Brüder und Schwestern sein. Und in dieser Gemeinde gelten zwei Prinzipien, die Paulus hier anführt:

1. WIR KENNEN NIEMANDEN MEHR DEM FLEISCHE NACH.

Die Kultur der Antike war sehr geprägt vom Standesdenken, vielleicht noch mehr als das Mittelalter. Es gab hier auch schon den Adel, die Bürger einer Stadt, die Handwerker, die Landbesitzer, die Tagelöhner, die Sklaven und die Bettler. Normalerweise hatten Menschen unterschiedlicher Stände keinen Kontakt zueinander, es sei denn einen beruflich notwendigen.

Wer jedoch in die Gemeinde kam, durfte sich sicher sein, dass er geachtet wurde. Sogar Nationalitäten spielten keine Rolle mehr. Paulus sagt es treffend in Gal. 3:27-28:

Denn ihr alle, die ihr in Christus hinein getauft seid, ihr habt Christus angezogen. Da ist weder Jude noch Grieche, da ist weder Knecht noch Freier, da ist weder Mann noch Frau; denn ihr seid alle einer in Christus Jesus.

Merken wir: in Christus hineingetauft! Hier wird auch wieder die Unzertrennbarkeit derer, die dazu gehören, die Christus angenommen und ihn in der Taufe bekannt haben, betont. Dies bedeutet eine Nivellierung aller herrschenden Unterschiede, die ja auch Jesus noch betroffen haben. Auch Christus war in seinem Stand gefangen, er war ein Jude, Sohn eines Handwerkers und sein Leben lang wirkte er nur in diesem Rahmen. Er wurde nicht Schriftgelehrter, obwohl er die Schrift besser kannte als alle anderen. Er verließ auch nicht seinen von Geburt an bedeutungslosen Stand, um sich in die Reihen der Herrschenden zu begeben, obwohl er die Macht gehabt hätte, dies zu tun, wie seine Wunder zeigen und wie man ihn auch aufforderte, es zu tun. In diesem Sinne war Christus auf der Erde im Fleisch geblieben.

Doch nun ist er der Auferstandene und damit völlig außerhalb dessen, was auf Erden Bedeutung hat oder nicht. Er ist der Herrscher im Himmel, er ist der Erstling einer neuen Schöpfung. Und so kennen wir ihn nur mehr geistlich. Und da ist er einer von uns, nämlich der, der für alle gestorben ist - und wir, die wir nun bereit sind für ihn zu sterben.

Sind wir das wirklich? Ich meine nicht den Märtyrertod, den kaum einer in Europa wirklich persönlich erleiden muss, zumindest in dieser Zeit aktuell. Ich meine vor allem das, was

Paulus hier auch meint: Sind wir bereit, jeden Standesdünkel, jede irdische Bedeutung einer Existenz zu verlassen und uns nur mehr geistlich an Christus zu orientieren? Wenn das so ist, dann werden wir jede Ermahnung von jedem Bruder und von jeder Schwester dankbar annehmen und uns nicht irre machen lassen von alten Kategorien, die uns die Welt vorschreiben will. Wir werden verstehen, dass es um die Last geht, die der andere um seiner Liebe willen, die er zu mir empfindet, trägt - und nicht um Kritik.

2. Wir haben einen gemeinsamen Auftrag.

Das wir dies akzeptieren und so handhaben, ist eine wichtige Voraussetzung für das was Paulus nun beschreibt, nämlich unseren gemeinsamen Auftrag.

Denn was ist denn eigentlich geschehen? Paulus schreibt hier in den Versen 18-19 von der Versöhnung. Gott hat uns mit sich versöhnt - und daraus folgt, wieder gemäß dem Solidaritätsprinzip: Nun haben wir den Dienst der Versöhnung zu leisten!

Wir haben hier eine Definition vor uns, die uns nachdenklich stimmen sollte. Denn wenn wir den Dienst der Versöhnung leisten sollen, nachdem wir durch Christus mit Gott selbst versöhnt worden sind, dann heißt das doch, dass die Welt nicht mit Gott versöhnt ist. Denn könnte man den 19 Vers isoliert betrachten und so auslegen, als wäre die Versöhnung für jeden, ganz gleich ob er das weiß und angenommen hat oder nicht, dann bräuchte es den Dienst der Versöhnung gar nicht.

Denn im Vers 19 steht, dass Gott in Christus die Welt mit sich selbst versöhnt hat. Daran ist auch nicht zu rütteln - und im Prinzip steht diese Versöhnung auch für die ganze Welt bereit, für jeden Menschen, der je seinen Fuß auf dieser Erde hat, gehabt hat oder noch haben wird. Es ist vollbracht, für Zeit und Ewigkeit.

Doch damit ist nicht jeder Mensch automatisch auch de-facto versöhnt. Er muss es erst annehmen. Und damit es die Menschen wissen und annehmen können, haben wir den Dienst der Versöhnung erhalten, den wir nun auszuführen haben. Wir haben ihn von Christus geerbt.

Das ist aber der Dienst der Evangelisation. Dieser Dienst ist ein Dienst an der Welt, und es ist ein primärer Dienst. Dieser Dienst aber macht uns oft schmerzlich deutlich, wie sehr wir uns im Gegensatz mit der Welt befinden. Wir dürfen nicht so tun, als ob dem nicht so wäre.

Es gibt in evangelikalen Kreisen einen Trend, die Evangelisation zu Gunsten der Diakonie zu vernachlässigen. Man argumentiert, dass Evangelisation nichts bringt, außer dass wir uns in der Welt unbeliebt machen. Wir wirken überheblich, grenzen andere aus und wollen im Besitz der alleingültigen Wahrheit sein. Man beschimpft uns als Fundamentalisten. Wie sehr sind wir doch da versucht, uns der Diakonie zuzuwenden, als Ersatz für Evangelisation. Die Diakonie nämlich ist attraktiv. Sie ist in der Welt hochgeachtet. So möchte man die Christen sehen: Schweigend sich aufopfernd für die sündige Welt. So sind wir ein Segen für die Welt, so werden wir, so hofft man, die Welt zum Besseren lenken.

Doch das ist ein Irrtum. Wir haben in erster Linie den Versöhnungsauftrag. Wir dürfen nicht schweigen und müssen reden, davon, dass Menschen verloren gehen, wenn sie das Versöhnungsangebot Gottes ausschlagen.

Ob sie es hören wollen oder nicht, ob sie uns als Sektierer oder Fundamentalisten bezeichnen oder nicht - wir sind verpflichtet, diesen Dienst der Versöhnung zu leisten und zu evangelisieren. Wenn wir das nicht tun, ist unsere Liebe nicht echt. Denn was ist eine Liebe, die den Konflikt scheut? Sie ist eine Affenliebe. Solange Du mir den Pelz laust, herrschen Friede und Eintracht in der Kolonie, aber wehe es geht ums Futter oder um die Hierarchie im Rudel!

Wir müssen dazu wissen: Die Diakonie war immer im Gefolge der Evangelisation tätig und dieser untergeordnet. Eigentlich entstand die ganze Diakonie ursprünglich aus dem Motiv heraus, in der Liebe Christi auch die materiellen Unterschiede in der Gemeinde zu beseitigen. Es sollte keine Notleidenden mehr geben in der Gemeinde, gemäß den eben erwähnten Grundsätzen von Solidarität und Gleichheit. Man fühlte eine Verpflichtung zur Fürsorge - und so begann man zuerst, sich der Witwen und Waisen anzunehmen und später wohl auch der Arbeitslosen, um diese mit Arbeit zu versorgen. Denn wenn Paulus in 2. Thess. 2:10 schrieb, dass wer nicht arbeitet, auch nicht essen solle (um Müßiggang und Schmarotzertum in der Gemeinde zu verhindern), dann war das eine Verpflichtung für die Gemeinde, arbeitslosen Arbeit zu verschaffen. Das Motiv war, wie gesagt, die Liebe zu den Glaubensgeschwistern.

Mag man das auch verallgemeinern und sagen, wir können auch an der Not der anderen außerhalb der Gemeinde nicht vorbeigehen, auch da drängt uns die Liebe Christi, etwas zu tun, so müssen wir doch feststellen: *Es ist die Liebe Christi, die uns legitimiert*! Und wenn sie uns dazu anleitet, dann leitet sie uns auch und noch vielmehr dazu an, den Dienst der Versöhnung mit Gott nicht zu vernachlässigen. Denn was hilft es, einen Menschen mit allem Irdischen zu versorgen, wenn er dann doch ewig verloren geht?

Also, Diakonie mag wohl geschehen aus der Liebe Christi heraus, aber niemals darf es die Diakonie aus Berechnung geben, um nicht Gott, sondern sich selbst mit der Welt zu versöhnen, um gut dazustehen, um geehrt und gelobt zu werden und Einfluss zu gewinnen. Eine solche Form der Diakonie ist abzulehnen, denn sie verleugnet das Evangelium und die Notwendigkeit, dass jeder Mensch sich persönlich seiner Versöhnung mit Gott versichern muss. Sie bringt den Dienst der Versöhnung zum Erliegen.

Ich sage damit nicht, dass es zu keinem Wachstum der Gemeinde kommen kann, wenn wir statt Evangelisation die Diakonie betonen. Es kann sogar sein, dass die Gemeinde dadurch mehr wächst. Doch es kommt zu einer unheilvollen Vermischung derer, die mit Gott versöhnt sind. mit denen, die es nicht sind. Wie aber sollen sich die Menschen dann noch bekehren, wenn sie ohnehin schon drin sind in der Gemeinde und sich zugehörig fühlen?

DER UMGEDEUTETE BEGRIFF DER EVANGELISATION

Die Katholische Kirche hat von jeher auf diese Strategie gesetzt. Anstatt zu evangelisieren widmete sie sich ganz der Diakonie, das gab ihr gesellschaftliche Legitimation und verhalf ihr zu Macht und Einfluss in der Gesellschaft bis zum heutigen Tag. Es gab den Begriff der Evangelisation in der Katholischen Kirche bis vor kurzem noch nicht, oder nicht mehr, und man musste ihn erst von den Evangelikalen übernehmen. Das geschah im Zuge des Zweiten Vatikanischen Konzils. Da führte man den Begriff der Evangelisation neu ein, aber mit einer ganz anderen Definition.

Deutlich wird das in einer Ansprache eines Kardinals einer offiziellen römischen Kongregation für die Evangelisierung der Völker, einer Institution des Zweiten Vatikanischen Konzils. Der Kardinal hat diese Ansprache im Sudan abgehalten und sagte dabei folgendes zu seinen Glaubensbrüdern[6]:

„Ich danke euch für die pastoralen, apostolischen und sozialen Ak-

---

6   http://www.vatican.va/roman_curia/congregations/cevang/documents/

tivitäten, die ihr durchführt, um die Kirche im Sudan zu einem echten Werkzeug des Heils für die Menschen zu machen. Die Beteiligung der Kirche am gesellschaftlichen Leben ist eine positive Antwort auf den Aufruf, den Johannes Paul II. im Apostolischen Schreiben Ecclesia in Africa zum Ausdruck gebracht hat. »**Christus verkündigen** *heißt also, dem Menschen seine unveräußerliche Würde offenbaren und ihn folgendes wissen zu lassen:*

Da der Mensch nun einmal mit dieser unvergleichlichen Würde ausgestattet ist, kann er nicht unter menschenunwürdigen sozialen, wirtschaftlichen, kulturellen und politischen Lebensbedingungen leben. Das ist die theologische Grundlage des Kampfes für die Verteidigung der Personwürde, [sic!] für Gerechtigkeit und sozialen Frieden, für die Förderung, Befreiung und vollständige Entfaltung des Menschen und jedes Menschen.«"

Das ist es also, was die Römisch-Katholische-Kirche unter Evangelisation versteht. Es geht einzig und allein um ein soziales Befreiungskonzept unter der Führung der Kirche. Wozu? Natürlich, um den Einfluss der Kirche in diesen Ländern zu stärken. Kein Wort über die Versöhnung des Menschen mit Gott. Also auch kein Dienst der Versöhnung im Sinne unseres heutigen Predigttextes.

Das ist aber auch nicht verwunderlich, wenn wir uns die Heilstheologie der Katholischen Kirche ansehen: Johannes Paul II. bezieht sich in seiner Erlösungslehre auf diese Konzilslehre und erklärt: „*Nach diesen Worten war die Geburt der Kirche im Moment des messianischen, erlösenden Todes Christi im Grunde auch die Geburt des Menschen, und zwar unabhängig davon, ob der Mensch dies weiß oder nicht, dies annimmt oder nicht. In diesen Moment hat der Mensch eine neue Dimension seines Daseins erhalten, die von Paulus kurz und bündig »Sein in Christus« genannt wird ... Der Mensch existiert »in Christus«, und zwar nach dem ewigen Heilsplan Gottes von Anfang an; doch durch den Tod und die*

Auferstehung ist dieses »Sein in Christus« zu einer geschichtlichen, in Zeit und Raum verwurzelten Tatsache geworden." [7]

Eine solche Erlösungslehre braucht natürlich kein Amt der Versöhnung wie es hier in unserem Bibeltext vorgezeichnet ist. Es verabsolutiert jene Aussage aus Vers 19, dass Gott in Christus war und die Welt mit sich selbst versöhnte, indem er ihnen ihre Sünden nicht anrechnete und lässt den Rest völlig unbeachtet. Wenn jeder gerettet ist, unabhängig davon, ob der Mensch dies weiß oder nicht, dies annimmt oder nicht - wozu dann noch ein Amt der Versöhnung, das an Christi statt bittet: lasst Euch versöhnen mit Gott? Evangelisation wird hiermit umgedeutet zur Proklamation des allgemeinen Heils im Gefolge der Diakonie.

Es gäbe noch viel zu sagen darüber wie sehr diese theologische Entwicklung in der Katholischen Kirche über Ökumene und Evangelische Allianz immer mehr die evangikale Szene beeinflusst. Aber ich möchte hier am Bibeltext weitermachen, denn dieser wird deutlich machen, wie verfehlt eine solche Theologie ist.

DER BOTSCHAFTER ALS FREMDER IM LAND

Vers 20 nennt nämlich unseren Status, den wir in der Welt haben. Es ist der eines Botschafters. Wir dürfen da ruhig mal politisch durchdenken. Ein Botschafter ist in einem Land, in das er gesendet worden ist, zuerst einmal ein Fremder mit allen Konsequenzen. Das heißt, er lebt unter den Gesetzen einer fremden Herrschaft, repräsentiert aber einen anderen Herrscher, dessen Wünsche und Absichten er berücksichtigen muss.

Das enthält natürlich Konfliktpotential. Denn die Gesetze

---

[7] Zitat entnommen aus »Projekt EINHEIT – Rom, Ökumene und die Evangelikalen«, von Erich Brüning / Hans-Werner Deppe / Lothar Gassmann.

des einen Landes und die des anderen harmonieren nicht immer. So ist es auch tatsächlich: Wir sind der Gerechtigkeit Gottes unterworfen, wir sollen in ihm zur Gerechtigkeit werden. Das heißt, wir sollen im fremden Land seine Gerechtigkeit repräsentieren.

Wir können also die Gesetze der Welt nur insofern anerkennen, als sie nicht im Widerspruch stehen zu der Gerechtigkeit Gottes. Das ist grundsätzlich ein schwerer Weg, der uns vielleicht nicht unbedingt ins Gefängnis bringt, denn in vielen Ländern der Welt sind die irdischen Gesetze durchaus mehrheitlich kompatibel zur Gerechtigkeit Gottes. Oft sind sie ja auch durch eine christliche Kultur immer noch von der Bibel geprägt, aber das nimmt ja dramatisch ab, wie wir wissen. In anderen Ländern ist es schon so - oder immer so gewesen - und da gibt es dann öfter Verfolgung.

Aber auch wenn wir in einem Land leben, in dem die Gesetzgebung vernünftig ist, werden wir doch nicht so leben können, wie die meisten in der Welt leben, nämlich in materialistischer und egoistischer Gesinnung, denn das ist zwar nicht verboten in der Welt, aber es widerspricht der Gerechtigkeit Gottes, die wir doch repräsentieren sollen.

Das alles aber zeigt, dass wir eigentlich nur eines können, nämlich bitten. Wir bitten stellvertretend für Christus: Lasst euch versöhnen mit Gott!

Wir können nicht fordern, wir können nicht subversiv versuchen die Macht in der Welt zu übernehmen, um den Menschen das Evangelium aufzuzwingen. Wir dürfen nicht tricksen und schummeln, wir dürfen nur ganz demütig und bescheiden das Evangelium verkünden - das aber dafür konsequent und durch das Ausleben der Gerechtigkeit Gottes dazu legitimiert.

Fassen wir zusammen, dann müssen wir sagen, dass wir wie Paulus von der Liebe Christi gedrängt werden. 1. Zu einem liebevollen, aber doch von der Wahrheit bestimmten Umgang miteinander, der den Konflikt nicht scheut und der die Wahrheit nicht preisgibt für einen Scheinfrieden, denn das wäre lieblos! Und: 2. Zu einem Dienst an der Welt, der in erster Linie ein Dienst der Versöhnung mit Gott ist und dann erst der Menschen untereinander.

Denn es gibt keine Liebe und keine echte Versöhnung auf der Welt als die, welche Jesus Christus für uns erworben hat und die wir annehmen müssen. Dies zu verschweigen, wäre lieblos.

Möge Gott schenken, dass unsere Liebe die Spannungen aushält, die ihr auferlegt worden sind. Denn nur so wird unser Leben nicht vergeblich gewesen sein.

DIE GRÖSSTE ALLER GNADENGABEN

DAS HOHELIED DER LIEBE – 1. KOR. 13

Eine Predigtserie über die Liebe kann natürlich nicht vollständig sein, ohne dass über den Text in der Bibel gesprochen wurde, der der bekannteste zu diesem Thema ist, nämlich das Hohelied der Liebe, das Paulus inmitten seines Briefes an die Korinther, fast möchte man sagen gesungen, hat. So poetisch begegnet uns Paulus in keiner anderen Schrift.

Dabei geht es bei den Korinthern in erster Linie darum, ihr gestörtes Verhältnis zu den Gnadengaben (Charismata) zu klären, vornehmlich zu den spektakulären Gaben wie Wunderheilung, Zungenrede und Prophetie. Schließlich kommt Paulus am Höhepunkt seiner Ausführungen nun auf die Liebe zu sprechen und nennt sie den viel köstlicheren Weg, als den des bloßen Einsatzes von Gaben, selbst wenn diese vom Heiligen Geist stammen, denn Liebe, die ja auch vom Heiligen Geist kommt, ist etwas viel Höheres als Begabungen.

Denn was wirklich nachhaltig wirksam war bei den ersten Christen, war der Weg der Liebe, den man ging. Der Ausdruck der Bereitschaft, ohne Gegenwehr zu sterben – die Betonung liegt auf ohne Gegenwehr – war viel überzeugender als Zeichen und Wunder. Damit bewies die Gemeinde ihre Liebe zu Gott. Aber dies war ja nur ein Teil der Liebe. Dazu kamen die Fürsorge der Christen untereinander und die Liebesdienste, die sie auch anderen angedeihen ließen, womit sie schließlich den Begriff der Nächstenliebe neu aufleben ließen im gesamten römischen Imperium. Dies war es letztendlich, was sie in den Augen der Römer und anderer Völker so anziehend machte.

LIEBE VERSUS CHARISMA?

Die Korinther bemühten sich um Gaben, von denen sie meinten, dass sie bedeutungsvoll seien. Paulus kritisiert das nicht pauschal. Er will aber zurecht rücken, was sich in dieser Suche nach den besseren Gaben an falschen Meinungen und Lehren ausgebreitet hat. Und jetzt, mitten unter diesem Bemühen, lenkt er die Blicke der Korinther auf einen noch besseren Weg, den die Korinther einschlagen könnten, nämlich auf den Weg der Liebe.

Ganz sicher ist die Liebe nicht als Alternative zu den Gnadengaben gemeint. Wenn wir in Römer 5:5 lesen: „Die Liebe Gottes ist ausgegossen in unsere Herzen durch den Heiligen Geist, der uns gegeben worden ist", dann kommen wir sogar zu dem Schluss, dass sie selbst eine Gabe ist. Streng genommen ist sie nämlich die einzige Gabe, die mit Recht Geistesgabe genannt werden kann. Denn jeder der den Heiligen Geist empfangen hat, verfügt über sie, was man von den Gnadengaben (Charismata) nicht behaupten kann. Hier erhält jeder eine andere.

Also lesen wir einmal den ersten Teil von 1. Kor. 13, was Paulus zur Liebe als Gabe des Geistes sagt:

¹ Wenn ich in Sprachen der Menschen und der Engel redete, aber keine Liebe hätte, so wäre ich ein tönendes Erz oder eine klingende Schelle. ² Und wenn ich Weissagung hätte und alle Geheimnisse wüsste und alle Erkenntnis, und wenn ich allen Glauben besäße, so dass ich Berge versetzte, aber keine Liebe hätte, so wäre ich nichts. ³ Und wenn ich alle meine Habe austeilte und meinen Leib hingäbe, damit ich verbrannt würde, aber keine Liebe hätte, so nützte es mir nichts!

Es war hier offensichtlich nicht die Absicht des Paulus, den vielen Lobliedern auf die Liebe, die es damals schon in der Antike im reichen Maße gab, ein weiteres hinzuzufügen. Dieses »Hohelied der Liebe«, wie es in vielen Bibelübersetzungen betitelt wird, ist nämlich trotz seiner poetischen Schönheit eingebettet in eine handfeste theologische Auseinandersetzung um die Bedeutung der Charismen, das dürfen wir nicht vergessen. Das vermindert nun die Aussagekraft der Verse in keiner Weise, ganz im Gegenteil, sie wird noch gesteigert. Denn jetzt, wo wir wissen, in welche Situation hinein Paulus diese Wort spricht, wird es uns deutlich: »**Ohne Liebe geht gar nichts!**«

Auch wenn es nicht alle waren, die damals in fremden Sprachen sprachen, die sie gar nicht gelernt hatten, es werden doch viele gewesen sein, und dies war damals eines der auffälligsten Wunder die beinahe zum Alltag der ersten Gemeinde gehörten.

Doch Paulus sagt: Selbst wenn ich in allen Sprachen der Menschen und dazu noch in den Sprachen der Engel reden würde, ohne Liebe wäre es mir nichts nütze. Natürlich konnte er und auch kein anderer in allen Sprachen der Welt sprechen. Es ist auch nichts darüber berichtet, dass je ein Mensch in der Sprache von Engeln geredet hätte. Im Wort Gottes steht nichts davon und es ist sehr anzuzweifeln, dass es dies je gegeben hat.

Dieser Vers von den Menschen- und Engelszungen wird im Allgemeinen als poetische Beschreibung der Anbetung verstanden und es ist nicht verkehrt, ihn so zu interpretieren und anzuwenden. Denn auch Anbetung in seiner natürlichen Form ist eine gute Sache, aber wenn sie nicht mit Liebe geschieht, dann ist auch sie nichts wert. All unser Gesang und die noch so schönen Worte sind nur Lärm vor Gott, wenn er auf unsere Herzen blickt und in ihnen keine Liebe findet. Erst die Liebe gibt diesen Gaben ihren Wert.

Der zweite Vers tönt genauso und hier geht es um die Bereiche Prophetie, Erkenntnis, Lehre. Nichts davon hat irgendeine Wirkung, wenn die Liebe nicht vorhanden ist. Alle Klugheit ist vergeblich ohne Liebe. Aber auch aller Glaube, der uns große Tatkraft verleihen könnte, sodass es die Welt in Staunen versetzen würde – wenn keine Liebe da ist, dann mag das vielleicht ein Kapitel in den historischen Schriften der Welt wert sein, aber keines im Buch des Lebens bei Gott. Ich bin überzeugt: Vieles, was in der Geschichte der Christenheit für bedeutend gehalten wird, kann im Lichte der Ewigkeit keinen Bestand haben, weil es nicht in der Liebe geschehen ist.

Ja selbst das, was äußerlich vielleicht als Liebesdienst angesehen werden könnte, wenn nämlich einer auf die Idee käme, alle seine Habe den Armen auszuteilen, wenn er es nicht mit einem liebenden Herzen täte, es würde ihm nichts nützen. Das ist doch ein hartes Wort, aber es zeigt uns, welche Bedeutung die Liebe für Gott hat, die einzige reale nämlich. Sie ist das, was für die Ewigkeit geschaffen ist, während die Begabungen (Charismata) doch nur Hilfsmittel sind, die hier auf Erden Anwendung finden, aber in der Ewigkeit bedeutungslos sind.

Manch einer hat die Vergänglichkeit des Irdischen schon begriffen und war bereit, auf alles Materielle zu verzichten und seinen Leib hinzugeben. Aber hat er auch begriffen, was Liebe ist? Wenn nicht, dann war sein Leben und Sterben vergeblich. Welch eine Tragik!

Die Definition der Agape-Liebe

Mit diesen Gedanken, welche die Liebe an die Spitze aller Dinge stellt, beginnt Paulus sein Loblied auf die Liebe. Aber von welcher Liebe spricht Paulus hier denn eigentlich? Hier wird es nun Zeit, dass wir uns näher mit der Definition der griechischen Begriffe für Liebe beschäftigen. Die Griechen hatten nämlich anstelle des einen Wortes Liebe drei Hauptworte: »**Eros, Philea und Agape**«.

John Mc Arthur schreibt in seinem Kommentar zum ersten Korintherbrief:

„*Agape ist eines der am seltensten in der alten griechischen Literatur verwendeten Worte [für Liebe], aber eines der häufigsten Worte im Neuen Testament.*

Anders als unser deutsches Wort Liebe bezieht sich agape niemals auf romantische oder sexuelle Liebe, denn für diese gebrauchte man den Begriff eros, der kein einziges Mal im Neuen Testament auftaucht. Agape bezieht sich auch nicht auf Gefühle oder angenehme Empfindungen für jemanden oder etwas. Es bezieht sich nicht auf enge Freundschaften oder Bruderliebe, für die das Wort philia verwendet wird. Agape bezieht sich auch nicht auf Nächstenliebe und das Umsorgen von Hilfsbedürftigen. Das dreizehnte Kapitel (des 1. Korintherbriefes) bietet uns die beste Definition von agape."

Die Christen haben also den von den Griechen etwas vernachlässigten Begriff Agape, der nur sparsam in einem universellen Sinn verwendet wurde, adaptiert, um mit ihm die göttliche Liebe zu definieren. Nicht zuletzt hat Paulus diese Arbeit geleistet durch 1. Kor. 13 - und wir wollen nun lesen, wie Paulus diese Liebe definiert:

4 Die Liebe ist langmütig und gütig, die Liebe beneidet nicht, die Liebe prahlt nicht, sie bläht sich nicht auf; 5 sie ist nicht unanständig, sie sucht nicht das Ihre, sie lässt sich nicht erbittern, sie rechnet das Böse nicht zu; 6 sie freut sich nicht an der Ungerechtigkeit, sie freut sich aber an der Wahrheit; 7 sie erträgt alles, sie glaubt alles, sie hofft alles, sie erduldet alles.

Bei den Begabungen ging es immer um Fähigkeiten, die uns ermöglichen, etwas zu tun. Setze Deine Gaben ein, die dir Gott gegeben hat, und mach etwas daraus – das war die Parole.

Aber nun macht Paulus einen Schwenk und lenkt unsere Aufmerksamkeit weg von allem Tun, auf das Sein. Denn alles was wir tun, hat nur seinen Sinn in dem, was wir sind. Die ersten drei Verse haben uns das deutlich gemacht. Man kann also auch ohne Liebe ein höchst aktives und tatenreiches Leben führen, aber es bringt einem selbst nichts ein. Die Frage ist: Wie kann man denn gläubig sein und irgendetwas auch ohne Liebe tun? Die Antwort liegt darin, dass der Geist Gottes uns zu nichts zwingt, weder zur Ausübung der Gnadengaben, noch dazu, in der Liebe Gottes in uns die Früchte des Geistes zu entwickeln. Beides, Gnadengaben und Geistesfrüchte stehen für uns bereit, aber wir müssen sie uns aneignen.

Während es also bei den Gaben um das Tun geht, betrachten wir hier das Sein eines Gläubigen in seinem ganzen möglichen Potential. Die Beschreibung der Liebe oder die Definition von Agape liegt auf der Ebene des persönlichen Charakters des Gläubigen, den der Geist Gottes ausformen möchte. Hier geht es nicht mehr darum, die Gemeinschaft zu fordern, sondern hier ist jeder selbst im tiefsten Inneren seines Wesens gefordert, sich Rechenschaft abzulegen, wie es um seine innere Einstellung bestellt ist. Denn nur dann, wenn sich die Früchte des Geistes im Leben eines Gläubigen zeigen, ist auch gewährleistet, dass er seine Gnadengaben erfolgreich einsetzen wird.

GLIEDERUNG DER DEFINITION

Wenn wir uns die Gliederung der Definition der Liebe ansehen, dann fällt auf, dass Paulus 8 mal beschreibt, wie die Liebe nicht ist. Das ist der Kern. Davor stehen zwei Aussagen, wie die Liebe ist, und danach vier Aussagen, wie die Liebe reagiert.

Wie Agape ist: *4 Die Liebe ist langmütig und gütig,*

Wie Agape nicht ist: *die Liebe beneidet nicht, die Liebe prahlt nicht, sie bläht sich nicht auf;* [5] *sie ist nicht unanständig, sie sucht nicht das Ihre, sie lässt sich nicht erbittern, sie rechnet das Böse nicht zu;* [6] *sie freut sich nicht an der Ungerechtigkeit, sie freut sich aber an der Wahrheit;*

Wie Agape reagiert: [7]*sie erträgt alles, sie glaubt alles, sie hofft alles, sie erduldet alles.*

Sehen wir uns die einzelnen Aussagen einmal an.

WIE LIEBE IST ...

„Die Liebe ist langmütig und gütig." Diese erste Aussage über die Liebe ist meiner Meinung nach das, was offensichtlich ist. Wir haben ja alle doch ein Gespür dafür, was Liebe ist, selbst dann, wenn wir sie nicht selbst haben. Das liegt daran, dass in uns eine Ursehnsucht nach Liebe besteht und die ermöglicht es uns auch, Liebe zu identifizieren. Wenn wir nämlich einen liebenden Menschen erkennen, dann würden wir auch von ihm sagen, das ist eine freundliche Person. Genau dies wäre die alternative Übersetzung für gütig. Und wir würden auch sagen, diese Person ist geduldig, was dem Begriff Langmut entspricht. Freundlichkeit und Geduld, sind unabdingbar für eine liebevolle Ausstrahlung.

Die beiden gehören zusammen, beides zusammen erst zeichnet die Liebe aus. Jemand kann eine Eselsgeduld haben, aber er ist nicht freundlich, dann würden wir ihn auch nicht als liebevoll bezeichnen. Umgekehrt kann jemand sehr freundlich sein, aber die ihn kennen, wissen, dass sie ihn nicht strapazieren dürfen, denn dann ist seine Freundlichkeit zu Ende, weil ihm die Geduld fehlt. Ein liebevoller Mensch ist selbst dann noch freundlich, wenn er angegriffen wird. Dies kann ihn nicht erschüttern, weil er Geduld hat.

Ein Beispiel für diese freundliche Geduld und auch ihr Gegenteil gibt uns Mat. 18:23-35

Darum gleicht das Reich der Himmel einem König, der mit seinen Knechten abrechnen wollte. **24** *Und als er anfing abzurechnen, wurde einer vor ihn gebracht, der war 10000 Talente schuldig.* **25** *Weil er aber nicht bezahlen konnte, befahl sein Herr, ihn und seine Frau und seine Kinder und alles, was er hatte, zu verkaufen und so zu bezahlen.* **26** *Da warf sich der Knecht nieder, huldigte ihm und sprach: Herr, habe Geduld mit mir, so will ich dir alles bezahlen!* **27** *Da erbarmte sich der Herr über diesen Knecht, gab ihn frei und erließ ihm die Schuld.*

28 *Als aber dieser Knecht hinausging, fand er einen Mitknecht, der war ihm 100 Denare schuldig; den ergriff er, würgte ihn und sprach: Bezahle mir, was du schuldig bist!* **29** *Da warf sich ihm sein Mitknecht zu Füßen, bat ihn und sprach: Habe Geduld mit mir, so will ich dir alles bezahlen!* **30** *Er aber wollte nicht, sondern ging hin und warf ihn ins Gefängnis, bis er bezahlt hätte, was er schuldig war.* **31** *Als aber seine Mitknechte sahen, was geschehen war, wurden sie sehr betrübt, kamen und berichteten ihrem Herrn den ganzen Vorfall.*

32 *Da ließ sein Herr ihn kommen und sprach zu ihm: Du böser Knecht! Jene ganze Schuld habe ich dir erlassen, weil du mich batest;* **33** *solltest denn nicht auch du dich über deinen Mitknecht erbarmen, wie ich mich über dich erbarmt habe?* **34** *Und voll Zorn übergab ihn sein Herr den Folterknechten[8], bis er alles bezahlt hätte, was er ihm schuldig war.* **35** *So wird auch mein himmlischer Vater euch behandeln, wenn ihr nicht jeder seinem Bruder von Herzen seine Verfehlungen vergebt.*

Was hat dieser Text mit Liebe zu tun. Auf den ersten Blick nicht viel, aber wir sprechen jetzt von einem Charakteristikum der Liebe, nämlich der Geduld. Es gefällt mir an dem Gleichnis, dass Jesus diese Geduld gerade nicht als gegeben voraussetzt. Es ist nicht selbstverständlich, dass Gott geduldig ist, obwohl er ein Gott der Liebe ist.

Jesus stellt Gott als einen König dar, der ein großes Reich zu verwalten hat. Das ist keine einfache Sache, da muss ge-

---

8   Das griech. Wort *»basanistés«* bedeutet auch Gefängniswärter und ist wohl hier in diesem Sinne zu verstehen.

rechnet werden und da *müssen* Schulden bezahlt werden. Wenn der König nicht darauf achtet, gerät sein Reich aus den Fugen. Deshalb zunächst einmal der Druck. Vielleicht bezahlt er ja doch, wenn ihm das Gefängnis angedroht wird. Jeder ist aufgerufen, seine Sachen in Ordnung zu halten, das gilt auch für das Reich Gottes.

So weit, so gut. Doch dann stellt sich heraus: Der Schuldner kann absolut nicht bezahlen. Und er ist klug genug, dies dem König auf eindeutige Weise kundzutun. Er wirft sich auf das Angesicht und bittet um Geduld. Er verspricht, seine Schuld zu bezahlen, sobald er kann. Als der König sieht, dass der arme Mann wirklich nichts hat, erbarmt er sich über ihn und verzichtet auf die Begleichung der Schuld, denn er weiß, dass er sie niemals zurückzahlen wird können. Das ist Gott: Er ist geduldig und freundlich und dies führt ihn dazu, barmherzig mit seinen Schuldnern zu sein.

Aber dann nimmt die Geschichte eine Wende. Denn der ehemalige Schuldner beweist seinerseits, dass er diese Eigenschaften nicht besitzt und sie auch nicht annehmen will. Er wirft einen seiner Schuldner in das Gefängnis. Vielleicht ist er innerlich noch wütend darüber, dass er sich so hat demütigen müssen. Wenn seine Schuldner ihm alles gezahlt hätten, wäre das vielleicht nicht notwendig gewesen. Jedenfalls reagierte er völlig konträr zu dem, was er eben erlebt hatte.

Das ist ungerecht. Denn wenn Freundlichkeit und Geduld sich bewähren sollen im Reich dieses Königs, dann müssen diese Tugenden von allen getragen werden. Der König weiß, dass das nicht geht. Wenn er vergibt, dann müssen sich auch seine Untertanen gegenseitig vergeben, sonst gefährdet er die Balance des Friedens in seinem Reich.

So sehen wir, dass Gott geduldig und freundlich ist. Aber wir sehen auch, dass sich diese Geduld nicht in die Ewigkeit hinein erstreckt. Das soll uns zu denken geben. Wir meinen manchmal, Liebe – und insbesondere die Liebe Gottes – sei verpflichtet, sich immer wieder auf das Neue der Ungerechtigkeit zu unterwerfen. Das wird nicht geschehen. Auch wenn Gottes Geduld noch so lange währt – eines Tages hat sie ein Ende und dann folgt der Zorn Gottes als Vollzug eines gerechten Gerichtes. Letztendlich wird sich die Liebe erst in der Ewigkeit ungehindert und gänzlich ausbreiten können, wenn alle jene weg sind, die diese Liebe abgelehnt haben. Darum ist in dieser Zeit, in der wir jetzt leben, Geduld besonders wichtig.

In Römer 9:22 heißt es, …*dass Gott, da er seinen Zorn erweisen und seine Macht offenbar machen wollte, mit großer Langmut die Gefäße des Zorns getragen hat, die zum Verderben zugerichtet sind.* Wenn nun Gott das so lange macht, dann haben wir das auch zu tun – das ist ein wesentlicher Bestandteil des Evangeliums.

WIE LIEBE NICHT IST …

Wir werden nun an dem, was Paulus weiter beschreibt sehen, wie die Liebe nicht ist.

Die Liebe beneidet nicht, die Liebe prahlt nicht, sie bläht sich nicht auf; 5 *sie ist nicht unanständig, sie sucht nicht das Ihre, sie lässt sich nicht erbittern, sie rechnet das Böse nicht zu;* 6 *sie freut sich nicht an der Ungerechtigkeit, sie freut sich aber an der Wahrheit.*

Und wieder erkennen wir auch hier, dass diese Dinge für die Ewigkeit bedeutungslos sein müssen. Denn alles, was hier aufgezählt ist, der Neid, die Prahlerei, das Anstößige, das Egoistische, der Hass und die Bitterkeit, die Feindschaft und die Ungerechtigkeit, alles das sind reale Dinge, die in der Liebe nicht enthalten sind, aber mit denen sie tagtäglich konfrontiert wird. Es erfordert also einen täglichen Kampf, dem allen zu widerstehen und sich derart gegen den Trend in der Welt zu stellen. Tatsächlich könnten wir darin gar keinen Sinn sehen, wenn wir nicht wüssten, dass dieser Kampf eines Tages zu Ende geht. Die Liebe wäre ja ewig auf der Verliererseite - und oft erscheint es uns auch so und es ist schon verständlich, dass viele Menschen, die nicht an das Reich Gottes glauben, dieses Konzept der Liebe ganz aufgegeben haben. Es scheint sich nicht auszuzahlen.

Aber wir dürfen das nicht tun. Wenn wir an Jesus und das Entstehen seines Reiches glauben, müssen wir uns bewusst auf die Seite der Liebe stellen - und das heißt eben, dass wir einerseits nichts mit diesen negativen Dingen zu schaffen haben, sie aber andererseits in göttlicher Geduld ertragen, bis eine neue Zeit anbricht.

Ich möchte hier meinen Lesern gerne die Auslegung von John Mc. Arthur zu 1. Kor. 13 ans Herz legen. Er beschreibt sehr ausführlich jeden einzelnen Begriff in diesem Vers, wie ich das hier nicht machen möchte. Stellvertretend für alle Begriffe möchte ich hier nur anführen, was er über den Neid schreibt:

»Neid ist keine mittelmäßige oder harmlose Sünde. Es war Evas Neid auf Gott, ausgelöst durch ihren Stolz, den Satan erfolgreich ansprach. Sie wollte sein wie Gott, haben, was er hat, und wissen, was er weiß. Neid war ein wesentlicher Bestandteil dieser ersten Sünde, aus der alle anderen Sünden hervorgingen. Die nächste Sünde, die in 1. Mose genannt wird, ist Mord, ausgelöst durch Kains Neid auf Abel. Josephs Brüder verkauften ihn aus Neid in die Sklaverei. Daniel wurde in die Löwengrube geworfen, weil seine Beamtenkollegen in Babylon neidisch auf ihn waren. Neid brachte den älteren Bruder des verlorenen Sohnes dazu, sich über das wohlwollende Verhalten des Vaters gegenüber dem verschwenderischen Bruder zu ärgern. Es gibt noch viel mehr biblische Illustrationen dafür.«

Ja, die Bibel ist wirklich ein Bilderbuch - und gerade in diesem Sinne kann niemand, der gläubig ist, sagen, dass er nicht wüsste, was Liebe ist und was nicht.

Wir wollen uns aber zum Schluss noch mit dem letzten Vers

beschäftigen, der wieder in positiver Weise beschreibt, was Liebe ist - oder besser gesagt: wie Liebe reagiert.

WIE LIEBE REAGIERT ...

Die Liebe erträgt alles, sie glaubt alles, sie hofft alles, sie erduldet alles.

Nun existiert ja das Böse auf der Welt und die Frage stellt sich immer wieder: Wie überwindet die Liebe das Böse tatsächlich? Ich sage Euch einmal, was ich beobachtet habe, wie ich leider manche Gläubige agieren sehe: Sie sind empfindlich, leicht beleidigt, misstrauisch, immer bereit, hinter allem einen Angriff des Teufels zu vermuten. Sie können nichts aushalten, sie ziehen sich zurück und sehnen sich nur mehr nach der Ewigkeit.

Das hat aber leider mit Liebe gar nichts zu tun. Wie sollen wir da unseren Auftrag ausführen können, wenn wir so reagieren. Freilich ist es traurig, dass das Reich Gottes noch nicht zur Vollendung und Jesus noch nicht wieder gekommen ist, aber das heißt nicht, dass uns das irgendwie zur Ausrede werden darf. Jesus hat selber gelitten.

Er hat alles ertragen, was ihm an Sünde und Elend begegnete – und denken wir nicht, dass es für ihn leichter gewesen wäre. Er hatte sicher als Sohn Gottes eine höhere Sensibilität als wir für die Ungerechtigkeit, mit der er täglich konfrontiert wurde. Ist er daran verzweifelt? Nein!

Er hat alles geglaubt, auch dass er seinen Auftrag ausführen kann und die Menschen retten wird. Deshalb war er bereit, alles auf sich zu nehmen. Er glaubte dem Vater, der ihm den Befehl gab, und dem Geist, der ihn führte.

Jesus hat alles erhofft und das war nicht selbstverständlich. Wenn wir in den Evangelien gelesen haben, wie widerspenstig selbst seine von ihm erwählten Apostel waren, da fragt man sich schon: Wie hat er diese drei Jahre nur überstanden?

Wie haben doch auch sie gezweifelt und sind an ihm verzweifelt. Wie unmöglich war es doch für ihn, ihnen zu erklären, dass er Jerusalem nicht in einem Triumphzug errettet wird, sondern die ganze Welt durch seinen Tod am Kreuz, wie es von den Propheten vorausgesagt worden war. Sie verstanden es nicht. Und als sie es einsehen mussten, weil die Geschichte sie überrollte, da zogen sie sich von ihm zurück - und nicht nur Judas verriet ihn, sondern auch Petrus verleugnete ihn. Aber Jesus hat die Hoffnung für diesen Petrus nie aufgegeben und hat ihm, nachdem er auferstanden war, sogar die ganze Herde anvertraut, weil er an ihn geglaubt hat.

Jesus hatte alles erduldet und als seine Jünger seinen Heiligen Geist empfangen hatten, da wussten sie durch sein Beispiel, was Liebe ist und wie Liebe reagiert auf das Böse in dieser Welt. Millionen von Menschen haben seitdem den Sieg der Liebe gefeiert und am Ende werden es wohl Milliarden sein, der Prophet Johannes spricht von einer unzählbaren Schar, die sich hier einordnen lässt.

NATASCHA, EIN BEISPIEL FÜR VIELE

Eine aus dieser Schar wird Natascha heißen. Der ehemalige KGB-Agent Sergei Kourdakov aus Russland hat darüber ein Buch geschrieben mit dem Titel: „Vergib mir, Natascha!".

Darin beschreibt er, wie er als Waisenkind, nie Liebe erfahrend, von der kommunistischen Partei erzogen worden war. Sein Weg war bereits vorgezeichnet. Schon sehr früh wurde er vom KGB rekrutiert. Er gehörte als junger Mann einer Schlägertruppe an, die nur eine Aufgabe hatte, nämlich die christlichen Versammlungen der Evangeliums-Christen zu sprengen. Anfangs war es für ihn ein Vergnügen. Doch dann erlebte er, wie diese junge Frau Natascha ganz ohne Verbitterung immer wieder die Schläge über sich ergehen ließ und kein böses Wort für ihn hatte. Immer wieder trafen sich diese Christen trotz allen Schikanen und ihr passiver Widerstand beeindruckte ihn mehr und mehr. Dann begann er, die beschlagnahmten Schriften zu lesen, darunter natürlich auch die Bibel. Als er, bereits versetzt auf ein Schiff, wieder mehr Zeit hatte zu lesen, reifte in ihm der Entschluss: Er wollte den gleichen Glauben haben und die Liebe suchen, die er in den Augen Nataschas gesehen hatte! Er machte sich einen wasserdichten Gürtel aus Gummi, damit die christlichen Schriften nicht nass würden, die er mitnehmen wollte, und sprang ins eiskalte Wasser, um zu desertieren. Er wurde schließlich gläubig und fand noch, was er gesucht hatte. Aber er lebte nicht mehr lange, sondern wurde 1973, nachdem er sein Buch geschrieben hatte, vom KGB ermordet.

Geschwister, hätten wir diese Kraft, wenn uns morgen die Verfolgung wieder treffen würde? Wenn ich sehe, wie kleinlich und empfindlich wir miteinander umgehen, in Zeiten wo alles ruhig und friedlich ist, da wollen in mir die Zweifel hochkommen. Aber ich darf nicht zweifeln, nicht an Jesus und nicht an Euch. Ich muss glauben, dass wir es schaffen werden, auch dahin zu kommen, dass wir die Aufgaben Gottes erfüllen können, die er uns stellen wird, auch in schwereren Zeiten. Denn auch ich bin auf die Liebe verpflichtet und möchte, wenn es um Euch geht: alles ertragen, alles glauben, alles hoffen, alles erdulden. Gott schenke mir die Kraft dazu.

DAS STÜCKWERK UND DAS VOLLKOMMENE

8 Die Liebe hört niemals auf. Aber seien es Weissagungen, sie werden weggetan werden; seien es Sprachen, sie werden aufhören; sei es Erkenntnis, sie wird weggetan werden. 9 Denn wir erkennen stückweise und wir weissagen stückweise; 10 wenn aber einmal das Vollkommene da ist, dann wird das Stückwerk weggetan. 11 Als ich ein Unmündiger war, redete ich wie ein Unmündiger, dachte wie ein Unmündiger und urteilte wie ein Unmündiger; als ich aber ein Mann wurde, tat ich weg, was zum Unmündigsein gehört. *¹² Denn wir sehen jetzt mittels eines Spiegels wie im Rätsel, dann aber von Angesicht zu Angesicht; jetzt erkenne ich stückweise, dann aber werde ich erkennen, gleichwie ich erkannt bin. ¹³ Nun aber bleiben Glaube, Hoffnung, Liebe, diese drei; die größte aber von diesen ist die Liebe.*

Bis jetzt haben wir uns die Verse aus 1. Kor. 13:4-7 angesehen, in denen die Liebe beschrieben wird. Nun beschäftigen wir uns mit diesem letzten Abschnitt ganz mit dem Ziel der Liebe. Ich möchte an einem Bild erklären was ich meine, indem ich Euch von meinem ehemaligen Nachbarn erzähle. Wir haben beide zur gleichen Zeit begonnen, unser Haus zu bauen. Es waren Reihenhäuser in einer kleinen zweizeiligen Reihenhaussiedlung. Wir lernten uns noch vor den Aushubarbeiten für den Keller kennen und jeder hatte so seine Pläne, entsprechend seinen finanziellen und sonstigen Möglichkeiten. Es war nun interessant zu beobachten, wie sich das alles so entwickelte. Ich möchte mal sagen, dass ich nicht gerade zwei linke Hände habe, aber die handwerkliche Begabung zählt andererseits auch nicht zu meinen Stärken.

Ganz anders bei meinem Nachbarn. Er hatte diese Begabung und auch den Ehrgeiz, dass sein Haus besonders gediegen gebaut werden sollte. Natürlich wäre das alles überhaupt kein Problem gewesen, wenn wir alle über genügend Geld verfügt hätten, dann hätten wir wahrscheinlich beide nur eine Baufirma mit allem betraut. Doch dem war nicht so. Wie sich bald herausstellte, war der Baufirma nicht recht zu trauen. Deshalb haben sich die meisten der Bauherren dazu entschlossen, nach Fertigstellung des Rohbaues die Sache selber in die Hand zu nehmen, damit die Kosten nicht aus dem Ruder laufen. Da war man nun persönlich gefordert. Wir verbrachten viele Stunden auf der Baustelle, organisierten Material, Handwerker und machten, was nur irgend möglich war, selber. Mein Nachbar hatte dabei den klaren Vorteil. Er war eindeutig der Begabtere und was immer wir machten, seine Lösungen waren die besseren, wie ich neidlos zugeben musste.

So bauten wir dahin und dann, wir waren noch gar nicht mit allem fertig, ging es ans Einziehen. Damals waren noch alle Kinder bei uns und das Haus füllte sich mit Leben. Die Freude über die neuen Räume war riesengroß. Doch bei meinem Nachbarn war nicht viel davon zu merken. Während des Baues hatte sich seine Frau von ihm getrennt und die Scheidung eingereicht. So zog er alleine ein, blieb allerdings nur kurze Zeit drin – und nachdem das Haus eine Weile leer stand, verkaufte er es.

Warum erzähle ich das? Weil es ein gutes Bild ist für den Unterschied zwischen der Liebe und den anderen Gnadengaben. Das Ziel war klar, nämlich ein Haus zu bauen, einzuziehen und darin glücklich zu leben im Kreis einer lieben Familie. Die Erreichung des Zieles war nur möglich durch den Einsatz von Gaben. Hier hatte mein Nachbar zweifellos die besseren Karten. Trotzdem erreichte er sein Ziel nicht, es war ihm während des Bauens abhanden gekommen, denn plötzlich war niemand mehr da, der ihn liebte und der mit ihm einziehen wollte.

Wir bauen doch nicht ein Haus, nur um unsere Tüchtigkeit zu bestätigen. Ebensowenig wird Gemeinde gebaut, nur um zu beweisen, was für tolle Leute die Christen sind. Aber leider erweist sich dies doch immer wieder als falsches Motiv, denn die Liebe zueinander, die der eigentliche Grund für den Bau des Hauses war, ist in manchen Gemeinden ebenso abhanden gekommen wie bei meinem Nachbarn. Die Liebe ist das Ziel, das die Phase der Entstehung überdauert und bleibt. Alle anderen Gnadengaben sind nur Werkzeuge, die bei der Entstehung des Hauses wichtig sind, aber dann in den Keller verschwinden und nicht mehr oder nur mehr selten zur Anwendung kommen.

Genau das ist es, was Paulus uns hier mitteilen will. Selbst so große Gaben, wie die Weissagung oder prophetische Rede, werden abgeschafft. Sie sind nicht mehr notwendig, sie waren nur ein zeitbedingtes Mittel zur Erreichung des Zieles, hatten aber mit dem Ziel selber nichts zu tun. Ebenso die Sprachengabe: Sie war nur ein Mittel zum Zweck. In 1. Kor. 13 geht es ganz um das Ziel.

WAS IST DAS STÜCKWERK?

Es überrascht vielleicht, dass selbst die Erkenntnis ihre Bedeutung verlieren wird. Wie ist das zu verstehen? Sind wir denn nicht stolz auf unsere Erkenntnis und tauschen sie aus, geben sie weiter. Sie ist es sogar, die uns zur Anbetung animiert. Wie wollen wir einen Gott anbeten, den wir nicht zuvor erkannt haben? Paulus sagt es uns: Weil unsere Erkenntnis Stückwerk ist, deshalb wird sie ihre Bedeutung verlieren! Die Betonung liegt auf unsere. UNSERE Erkenntnis ist Stückwerk. Weissagung und Erkenntnis werden zusammengefügt wie ein Puzzle zu einem Bild, das wir nur nach und nach in Vollständigkeit erkennen können. Wenn aber das Bild ganz fertig ist, wenn der letzte Stein eingefügt ist, dann haben wir das Vollkommene vor uns und das Suchen und Forschen nach dem Einzelnen, dem fehlenden Stück, wird zu Ende sein.

WAS IST DAS VOLLKOMMENE?

Wir haben nun aber zu erklären, was das ist, was Paulus hier als das Vollkommene bezeichnet. Wann ist das Haus gebaut und einzugsbereit? Wann steht das Bild, sodass wir es ganz erfassen können? Das ist eine schwierige Frage, die nicht von allen Auslegern der Bibel gleich beantwortet wird. Manche beantworten sie gar nicht, sie umschiffen sie wie eine gefährliche

Klippe. Denn hier verlässt der Text den sicheren Hafen der Soteriologie und Ekklesiologie, der Lehre von der Erlösung und der Gemeinde, und begibt sich hinaus auf das offene Meer der Eschatologie, der Lehre von den zukünftigen Dingen, und nur wenige Theologen sind darin sattelfest.

Aber wir müssen diese Frage beantworten, denn wenn wir nicht wissen, was Paulus hier unter dem Vollkommenen versteht, können wir den Text nicht gänzlich auslegen und verstehen. Im Wesentlichen gibt es, wenn man denn diese Frage beantworten will, drei Möglichkeiten:

- Das Vollkommene ist das Wort Gottes
- Das Vollkommene ist Jesus selbst, wenn er wiederkommt und uns vollkommen macht.
- Das Vollkommene ist die Gemeinde in einem Zustand der geistlichen Reife

Bevor wir aber diese Möglichkeiten genauer untersuchen, wollen wir uns doch noch die beiden Bilder ansehen, die Paulus gebraucht, um zu illustrieren, was er meint. Die Anwendung dieser Bilder muss übereinstimmen, sonst ist unsere Auslegung falsch. Anders ausgedrückt: jede Auslegung, die nicht von beiden Bildern unterstützt wird, muss abgelehnt werden.

BILD 1: VOM KIND ZUM MANN

¹¹ Als ich ein Unmündiger war, redete ich wie ein Unmündiger, dachte wie ein Unmündiger und urteilte wie ein Unmündiger; als ich aber ein Mann wurde, tat ich weg, was zum Unmündigsein gehört.

Paulus spricht hier von einer eigenen Erfahrung, die er praktisch mit allen Menschen teilt: Ein Kind ist anders als ein Erwachsener! Ein Kind denkt anders, handelt anders und reagiert anders. Kinder sind nicht in der Lage, rational zu handeln. Sie haben noch zu wenig Erfahrung und lassen sich daher stark von ihren Emotionen leiten. Das macht sie einerseits glücklicher als manchen Erwachsenen — denn Kinder kennen keine Sorgen, sie können Probleme nicht in ihrer Tragweite erfassen und leben daher unbeschwert in den Tag hinein. Das soll auch so sein, wir tun gut daran, die Kinder in diesem Zustand zu belassen und abzuwarten, bis sie von selbst durch Reife in der Lage sind, Verantwortung zu übernehmen. — Doch andererseits sind Kinder auch unselbständig und vor allem schutzbedürftig. Alleine können sie nicht überleben, sie würden ihr Glück bald verlieren. Es braucht immer jemanden, der auf sie schaut und notfalls Entscheidungen für sie trifft, wenn ihre eigenen verhängnisvoll wären.

Gott sei Dank, geht das vorbei, denn Kinder können gerade in diesem Punkt ganz schön anstrengend sein, sie haben ihren eigenen Kopf, aber nicht das Verständnis, gute Entscheidungen zu treffen. Wir müssen sie korrigieren und führen. Hier liegt ein ständiges Konfliktpotential vor, ein Spannungsfeld für die Liebe, wie wir bereits wissen. Aber irgendwann einmal haben die Kinder genug gelernt und beginnen zu verstehen, das nennt man den Reifeprozess. Sie begreifen die Welt der Erwachsenen mit ihren Spielregeln, und wenn sie nicht ganz rebellisch geworden sind, bejahen sie diese Welt auch und wollen sie ganz für sich erobern.

Dazu legen sie von selber ab, was kindisch ist, und wenden sich Dingen zu, die ihnen Unabhängigkeit und Selbstbestätigung versprechen. Aus Spiel wird Ernst: Das Legohäuschen war nur ein Vorgeschmack auf das wirkliche Haus, das sie nun bauen, das Monopoly Spiel für die echten Geschäfte im späteren Leben des Erwachsenen. Das Ziel der Kindheit liegt im Mündig-Werden. Je kleiner Kinder sind, desto häufiger und lauter schreien sie, wenn etwas nicht so läuft, wie sie es sich wünschen. Wenn sie größer werden, denken sie erst selber nach, wie sie ein Problem lösen können, bevor sie brav um Hilfe bitten, wenn es nötig ist. Sie legen das kindische Wesen ab.

BILD 2: DER DUNKLE SPIEGEL

[12] *Denn wir sehen jetzt mittels eines Spiegels wie im Rätsel, dann aber von Angesicht zu Angesicht; jetzt erkenne ich stückweise, dann aber werde ich erkennen, gleichwie ich erkannt bin.*

Das zweite Bild ist nun etwas schwerer zu verstehen, denn hier hat sich etwas geändert. Kinder werden immer noch auf die gleiche Weise erwachsen wie eh und je, aber Spiegel sind heute nicht mehr dasselbe wie damals. Flachglas in dem Sinne wie heute, dass man daraus Spiegel machen konnte, gab es zur Zeit des Paulus noch nicht. Man polierte damals Metallplatten und die waren von der Qualität her mehr oder weniger schlecht. Je nach dem, wie gut die Platte poliert war, gab es ein deutlicheres oder weniger deutliches Bild. Jedenfalls reichte nichts an das heran, was wir heute gewohnt sind, wenn wir in den Spiegel sehen.

Was bedeutet das für unsere Auslegung? Wir haben es in unserer Übersetzung eigentlich schon ganz gut beschrieben: Der Blick in den Spiegel wird zu einem Rätsel. Ich schaue hinein, aber ich erkenne nicht, ob das auf meiner Nase da vorne eine Warze wird oder nicht. Seit ein paar Wochen habe ich das Ding schon, aber ich habe noch keine Zeit gehabt, es wegmachen zu lassen. Jedenfalls sehe ich in den Spiegel und weiß, dass es da ist. Damals im Altertum wäre das nicht so sicher gewesen. Solche Details waren einfach nicht erkennbar. Manche Spiegel waren so schlecht, dass es überhaupt nur Umrisse zu erkennen gab.

Nachdem wir nun die beiden Bilder haben, wird uns das helfen, das Vollkommene von dem Stückwerk und Unvollkommenen zu unterscheiden. Aber was ist das Vollkommene? Ist es das Zukünftige, das zur Zeit des Apostel Paulus noch nicht eingetreten ist? Paulus nimmt sich aber auch irgendwie selbst mit hinein, indem er sagt, dass ER ein Kind war, aber nun ein Mann ist. Was ist das Vollkommene wirklich? Sehen wir uns das einmal an, bezogen auf die drei Auslegungsmöglichkeiten. Geht es hier um die Wiederkunft Christi? Oder geht es um die Gemeinde, oder gar um das geschriebene Wort Gottes?

1. DAS VOLLKOMMENE IST DAS WORT GOTTES

Weil hier Paulus in Vers 9 nicht mehr von den anderen Gnadengaben spricht, sondern nur mehr von der Erkenntnis und der Weissagung, gehen einige Ausleger davon aus, dass es auch nur mehr um diesen Bereich geht. Als das Vollkommene wäre dann etwas zu suchen, das dem entspricht, aber besser ist als das, was die Gemeinde damals hatte.

Die Geschichte ist einfach: das Neue Testament war noch nicht geschrieben. Die Gemeinde war aber weitgehend von dem abhängig, was die Apostel lehrten, die aber nicht in jeder Gemeinde anwesend waren. Zu diesem Zweck hatte man nun die Propheten in den Gemeinden. Sie ergänzten das Apostelwort, indem sie Aussagen, die in Vergessenheit geraten waren, erneut von Gott vermittelt bekamen. Sie weissagten in der Regel nicht anders als die Propheten des Alten Testamentes, indem sie darauf achteten, was der Geist Gottes ihnen an Träumen, Visionen und direkten Eingebungen gab. Dieses reichten sie an die Gemeinde weiter.

Und nun waren die Lehrer aufgerufen, das ganze in das System der Apostellehre einzufügen. Es musste passen, es durfte sich nichts widersprechen. Ich denke, im Allgemeinen hatte die Gemeinde ein hohes Bewusstsein davon, dass die Möglichkeit bestand, dass auch ein falscher Geist Menschen etwas Falsches offenbaren konnte. Darauf weist auch die Existenz der

Gabe der Geisterunterscheidung hin (12:10). Wir sehen in 1. Kor. 14, dass ein komplexes System von Verhaltensregeln notwendig war, um die Gemeinde vor solchen Irrtümern zu schützen.

Die Aussagen der Propheten waren nun alles andere als klar und deutlich. Sie waren wahrlich Stückwerk. Denn die Propheten hatten eine Offenbarung, die sie unter Umständen selber nicht verstanden und nicht deuten konnten. Dazu bedurfte es der Hirten und Lehrer. Diese waren gefordert, Schlüsse zu ziehen und Entscheidungen zu treffen. Denken wir nur an den Propheten Agabus, der Paulus davor warnte, nach Jerusalem zu ziehen, denn er hatte gesehen, dass dieser dort gefangen genommen werden würde. Paulus nahm das Wort des Agabus ernst, aber er ging trotzdem nach Jerusalem. Agabus sagte was geschehen würde. Welche Konsequenzen daraus zu ziehen waren, war aber die Entscheidung des Apostels - und sie fiel anders aus, als Agabus geglaubt hatte.

Das Prophetenwort als dunkler Spiegel scheint also sehr passend zu sein. Demnach müsste das Vollkommene etwas sein, das dies übertreffen könnte. Alle Schriften des Neuen Testamentes wurden zu dieser Zeit geschrieben. Als sie nun fertig waren, wurden sie untereinander ausgetauscht und es dauerte ein paar Jahrhunderte, bis man sie alle zweifelsfrei von den übrigen Schriften getrennt hatte, die auch noch, teilweise als Fälschungen, teilweise unsicherer Herkunft, im Umlauf waren. Diese echten Bücher wurden nun kanonisiert, das heißt, als einziges Buch, eben als das Neue Testament, herausgegeben, welches das Alte Testament der Juden ergänzen sollte.

Der Gedanke, der dann aufkam, dass es sich bei dem Neuen Testament um das Vollkommene handelt, von dem Paulus in 1. Kor. 13:10 spricht, hat also schon etwas Bestechendes an sich. Denn irgendwie scheint das geschriebene Wort Gottes dem gesprochenen überlegen zu sein. Es ist bereits beurteilt von kompetenten Leuten und als zweifelsfrei prophetischer Herkunft erkannt worden. Außerdem gibt es darin Aussagen, dass mit diesen Schriften das Offenbarungswerk Gottes abgeschlossen ist. Es wird sogar davor gewarnt, etwas dazu zu fügen. Das würde also alles ganz gut passen und wäre zudem noch mit der Geschichte konform, denn wir wissen ja, dass das Prophetentum nach den ersten beiden Jahrhunderten ziemlich von der Bildfläche verschwand.

Es gibt nur leider zwei Probleme bei dieser Auslegung. Zuerst einmal wollen das viele Gemeinden nicht akzeptieren. Sie drehen den Spieß um und sagen, dass das Prophetentum gerade wegen dieser Auslegung zum Erliegen gekommen ist, wie auch andere Gnadengaben, und dass dies ein historischer Fehler war. In der Pfingst- und Charismatischen Bewegung, die vereinfacht gesagt, irgendwo in den Erweckungsbewegungen des 19 Jahrhunderts ihren Ursprung hatte und im 20. Jahrhundert aufblühte, wäre dieser Fehler korrigiert worden und seither gäbe es wieder Propheten. Dem könnte man zwar wieder entgegenhalten, dass ein Fehler einer Generation von Glaubensgeschwistern in der Frühzeit der Gemeinde, der über eineinhalb Jahrtausende nicht vom Geist Gottes korrigiert wurde, nur schwer zu akzeptieren ist, jedenfalls nicht für einen geschichtlich denkenden Menschen.

Daher ist der viel gravierendere Einwand gegen die These von dem neutestamentlichen Kanon als das Vollkommene in 1. Kor. 13 der, dass diese Auslegung das Bild von dem unmündigen Kind nicht zu erklären vermag. Denn der Spiegel und der Unmündige sind zwei verschiedene Bilder und trotzdem müssten sie beide passen, denn Paulus hat hier ja in keiner Weise das Thema gewechselt. Was könnte Paulus mit dem Bild vom Kind, das zum Mann wird, gemeint haben, wenn das wirklich so sein sollte, dass mit dem Vollkommenen das Wort Gottes gemeint ist? Mir würde sich dieses Bild dann nicht wirklich erschließen.

Weiters sollten wir auch bedenken, dass das Wort Gottes, so vollkommen es auch in sich ist, uns trotzdem nicht zur vollkommenen Erkenntnis und Reife zu bringen vermag. Zwar ist es viel deutlicher und kein Stückwerk mehr, wie das gesprochene Prophetenwort, aber unsere Erkenntnis bleibt dennoch Stückwerk, das müssen wir alle schmerzlich zur Kenntnis nehmen. Der Prozess des Reifens bleibt auch seit der Existenz des Neuen Testamentes niemanden erspart.

2. Das Vollkommene ist die Wiederkunft Christi

Wenden wir uns also der zweiten Auslegung zu, die da sagt: Das Vollkommene ist die Wiederkunft Christi. Wir lesen dazu einen Vers, der das zu bestätigen scheint: (1. Joh. 3:2)

»Geliebte, wir sind jetzt Kinder Gottes, und noch ist nicht offenbar geworden, was wir sein werden; wir wissen aber, dass wir ihm gleichgestaltet sein werden, wenn er offenbar werden wird; denn wir werden ihn sehen, wie er ist.«

Demnach wäre es tatsächlich so, dass wir das Vollkommene in dieser Zeit gar nicht zu erwarten hätten. Das brächte uns mit den beiden Bildern des Paulus nicht direkt in Konflikt. Wenn wir Jesus sehen, ist alles klar, es besteht kein dunkler Spiegel mehr - und da wir auch sein werden, wie er selber ist, ist auch das kindische Wesen abgetan.

Aber ein anderes Problem tut sich auf, wenn wir das so sehen. Denn wenn die Erreichung des Vollkommenen nicht eine Angelegenheit des gegenwärtigen Zeitalters ist, sondern erst des zukünftigen, wenn Jesus wiederkommt, dann stellt sich die Frage, ob wir in der Liebe selbst denn dann in diesem Leben das Ziel je erreichen werden können? Bleibt uns dann nichts anderes als ein unfruchtbares Warten auf den Tag des Herrn, ohne jede Chance, hier schon zur Reife oder zur ausreichenden Erkenntnis zu gelangen, die unser Leben in der Liebe fruchtbar sein lässt? Nein, das kann es doch nicht wirklich sein, das widerspräche zu vielen anderen Bibelstellen, die hier aufzuzählen wir gar nicht erst anzufangen brauchen. Natürlich sind wir gefordert, hier und heute die Früchte des Geistes Gott darzubringen.

Zudem ist das Reifen vom Kinde zum Mann ja ein Prozess und die Wiederkunft Christi ist das nicht, wie wir aus Mat. 24:27 wissen: *Denn wie der Blitz vom Osten ausfährt und bis zum Westen scheint, so wird auch die Wiederkunft des Menschensohnes sein.* Diese Auslegung passt also auch nicht so gut. Sehen wir uns die dritte Möglichkeit an.

3. DAS VOLLKOMMENE IST DIE GEMEINDE IN EINEM ZUSTAND DER MÜNDIGKEIT.

Paulus scheint davon zu sprechen, wenn er in Epheser 4:11-14 sagt:

11 Und Er hat etliche als Apostel gegeben, etliche als Propheten, etliche als Evangelisten, etliche als Hirten und Lehrer, 12 zur Zurüstung der Heiligen, für das Werk des Dienstes, für die Erbauung des Leibes des Christus, 13 bis wir alle zur Einheit des Glaubens und der Erkenntnis des Sohnes Gottes gelangen, zur vollkommenen Mannesreife, zum Maß der vollen Größe des Christus; 14 damit wir nicht mehr Unmündige seien, hin- und hergeworfen und umhergetrieben von jedem Wind der Lehre durch das betrügerische Spiel der Menschen, durch die Schlauheit, mit der sie zum Irrtum verführen, 15 sondern, wahrhaftig in der Liebe, heranwachsen in allen Stücken zu ihm hin, der das Haupt ist, der Christus.

Das scheint nun besser zu passen. Denn hier haben wir wieder beides, den Bezug zu den Gaben, die hier als Ämter ausgeführt sind, und den Bezug zur Liebe, die uns als das Ziel der Reife in Christus vorgestellt wird. Wir haben den Gedanken des Zusammenfügens von Stückwerk zu einer Einheit und des Mündig-Werdens, um nicht mehr verführbar zu sein. Das

Vollkommene ist also die Gemeinde, wenn sie Ihre Reife erreicht hat.

Jetzt muss ich Euch aber leider mitteilen, dass ich auch mit dieser Auslegung ein Problem habe. Ich weiß, ich bin schrecklich. Aber es tut mir leid, weder in der Geschichte, noch in Gegenwart vermag ich diese reife Gemeinde zu entdecken. Es wird doch hier gesagt, die mündige Gemeinde ist das Vollkommene. Aber wo in der Welt hat sich Gemeinde je als das Vollkommene geoffenbart? Ist sie Euch schon begegnet, die vollkommene Gemeinde? Sagt es mir, damit ich hingehe und mir das anschaue. Ich werde mich hüten, ihr beizutreten, denn dann wird sie nicht mehr vollkommen sein. Aber ich fürchte, es wird mir ohnehin keiner auf dieser Erde den Weg zu ihr weisen können.

Also wieder nichts. Was ist das Vollkommene? – Wir müssen es wissen, sonst können wir den Text nicht endgültig auslegen. Gibt es noch eine vierte Möglichkeit? Ich denke nicht, dass es die gibt, aber es gibt schon noch etwas, nämlich die Möglichkeit, die zweite und die dritte Auslegung zu kombinieren, und das wollen wir zum Abschluss noch versuchen.

4. DAS VOLLKOMMENE IST DIE REIFE GEMEINDE, WIE SIE ERST BEI DER WIEDERKUNFT CHRISTI SICHTBAR WERDEN WIRD.

Wenn wir nämlich sagen, dass es die vollkommene Gemeinde auf Erden nicht gibt, so müssen wir trotzdem festhalten, dass es aus Gottes Sicht diese Braut Christi ohne Flecken und Runzeln dennoch gibt (Eph. 5:27). Nur können wir nicht an einen Ort dieser Welt reisen und sie besuchen. Sie ist nicht lokalisierbar. Die Gemeinde ist aber, das wissen wir auch aus dem Epheserbrief, dennoch in ihrer Vollkommenheit unsichtbar präsent.

Eph. 3:10 ...damit jetzt den Fürstentümern und Gewalten in den himmlischen [Regionen] durch die Gemeinde die mannigfaltige Weisheit Gottes bekanntgemacht werde.

Es gibt also die reife Gemeinde – und sie ist auch sichtbar, aber nicht uns, sondern vorläufig nur den unsichtbaren Mächten. Die Gemeinde wird aber in ihrer ganzen Vollkommenheit allen sichtbar werden, wenn Jesus wiederkommt. Damit aber habe ich trotzdem die Möglichkeit, mich in diese Reife und Vollkommenheit der Gemeinde eingliedern zu lassen, wenn ich nicht auf Gaben vertraue, sondern auf die Liebe. Und das ist das Entscheidende: die Liebe soll mich zur Vollkommenheit bringen, unabhängig davon, ob meine Ortsgemeinde, der ich angehöre, diese Vollkommenheit zu repräsentieren imstande ist oder nicht.

Wir wissen von den sieben Sendschreiben unseres Herrn an die sieben Gemeinden, dass es eigentlich nur eine gab, die er nicht tadeln musste und die wohl dem nahe kam, was wir uns unter einen reifen Gemeinde vorstellen: die Gemeinde in Philadelphia. Doch diese Gemeinde gibt es heute nicht mehr und es gibt sie schon sehr lange nicht mehr. Irgendwann, noch vor dem Mittelalter, hatte sie aufgehört zu existieren. Sie war reif geworden, aber dann doch zerfallen. Irgendwann hatte Gott sie verworfen, wie er das zwei anderen Gemeinden damals angedroht hatte. Dies scheint das Schicksal von Ortsgemeinden zu sein, denn von den sieben sind letztendlich alle verschwunden.

Ist das ein Problem, dass es nicht gelingt, die vollkommene reife Gemeinde zu lokalisieren? Nein, das ist es nicht, denn die vollkommene reife Gemeinde ist eine Sache der Ewigkeit. Hier kommt die Wiederkunft Christi ins Spiel. Wenn er kommt, wird sie dastehen, als Braut Christi, herrlich und makellos –

und nichts mehr wird an ihr auszusetzen sein. Damit das so ist, bist du und bin ich gefordert.

Aber um was geht es denn dann jetzt, in dieser Zeit? Die Antwort ist einfach. Es geht um dich und um mich. Wir sind es, die gefordert sind, in der Erkenntnis zu wachsen, das Stückwerk zu überwinden und abzulegen, was kindisch ist, um zu reifen. Wir tun das im Verband einer örtlichen Gemeinde, weil Gott das so will und weil sie letztendlich das Werkzeug dazu ist, uns in diese Richtung voranzubringen. An ihr reifen wir. Ob wir es als Gemeinde aber je schaffen, diese Reife einheitlich zum Ausdruck zu bringen ist sehr fraglich und hängt von verschiedensten Umständen ab, wie wir aus den Sendschreiben und den Briefen wissen. Wir haben keine Garantie dafür, eine Philadelphia-Gemeinde zu werden – und wenn wir es geworden sind, kann es sein, dass wir es nicht lange bleiben.

Einer Gemeinde diese Reife vorherzusagen, das ist eine Gleichung mit zu vielen Unbekannten. Wir haben es nicht in der Hand, sie zu lösen – das müssen wir demütig zur Kenntnis nehmen. Die Ortsgemeinde lebt ja davon, dass sie durch Menschen wächst, die in sie hineingetauft werden, die unvollkommen und unreif sind. Ja auch unverständig, weil sie das Wort nicht oder nicht genügend kennen. Kaum aber sind sie herangewachsen zu Reife und haben ihre Erkenntnis in der Gemeinschaft vervollständigt und gelernt, die in sie hineingelegte Liebe auszuleben, da kommen schon wieder Neue die das noch nicht gelernt haben, Unmündige in Christus. Und sie prägen wie wir das Gesamtbild. Niemand kann das steuern, als der Heilige Geist alleine.

Aber was jeder Einzelne in seiner Hand hat, ist, ob er selbst zur persönlichen Reife gelangt und damit zum Ziel seines Lebens. Jeder bestimmt auch selber, ob er profitiert vom gesamten Reifungsprozess der Gemeinde und der gesamten

Erkenntnis des prophetischen Wortes. Das ist etwas, was uns ein ganzes Leben lang beschäftigen kann. Die Ortsgemeinde mit ihren Gaben wird hier zum Werkzeug am Einzelnen, aber das Ziel ist die Gesamtgemeinde, wie sie sich am Ende der Zeit darstellen wird, wenn Christus wiederkommt. Sie ist eigentlich das Haus, welches wir bauen.

Die Ortsgemeinde ist die Baustelle. Aber die Gesamtgemeinde (Universalgemeinde) ist das Ziel, das jetzt schon erreicht ist, so wie wir dies wahrzunehmen imstande sind. Es ist gut für uns, sie wahrzunehmen, denn sie ist die Quelle der Liebe. Nur in ihr sind wir wirklich zu Hause und geborgen.

Darum ist der letzte Satz von erster Korinther 13 auch folgerichtig.

[13] *Nun aber bleiben Glaube, Hoffnung, Liebe, diese drei; die größte aber von diesen ist die Liebe.*

Der Glaube ist es, in dem wir alles begonnen haben und ohne den wir es nicht vollenden können. Die Hoffnung aber ist es, die uns sagt, dass aus dem Kind ein Mann werden wird und dass der Spiegel nicht dunkel bleibt. Aber über allem ist es die Liebe, die macht, dass wir das alles ertragen können und durchhalten. Denn die Liebe erträgt alles, die Liebe glaubt alles, die Liebe hofft alles, die Liebe duldet alles.

Daran erkennen wir, dass wir in ihm sind, dass wir in der Liebe sind. (1. Joh. 2:5)

NACHWORT

Waren die ersten Kapitel einfach und leicht zu verstehen, so mögen die letzten doch schon harte Kost gewesen sein. Doch im Spektrum der Liebe ist eben alles vorhanden. Wir geben unseren Kindern feste Speise, sobald sie diese vertragen, denn wir wollen, dass sie wachsen und sich im Leben behaupten können. Das war auch die Absicht dieses Buches, von der Milch zur festen Speise zu gelangen.

Vielleicht hast Du während des Lesens dieses Buches eine Veränderung in Deinem Denken erfahren, dann lebe es aus, was Du erkannt hast. Das Thema Liebe ist noch lange nicht erschöpft. Auch in 1. Korinther 13 wäre noch viel zu sagen zu den einzelnen Attributen der Liebe. Aber es soll noch etwas bleiben zum selbständigen Forschen, denn das bringt Festigkeit in der Sache.

Jedes Buch der Bibel bietet eigentlich genug Stoff, um das Thema Liebe zu studieren. Es ist eines der zentralen Themen - und wenn man an den Vers denkt:»Gott ist die Liebe«, dann möchte man es sogar als DAS zentrale Thema bezeichnen. Man tut es nicht, wohl wissend, wie problematisch es ist, wenn andere unter diesem Begriff ganz etwas anderes verstehen.

So bleibt Liebe trotz allem eben doch auch etwas Intimes, geheimnisvollen, aber etwas mit dem Du gemeint bist und Deine Beziehung zu Gott dem Vater im Himmel und Deinen Herrn und Heiland Jesus Christus!

Und da sind dann noch die anderen, für die er ebenso gestorben ist wie für Dich. Das alles zusammen genommen: Gott, die Gemeinde und Du – steht einer Welt gegenüber, die verloren ist und die von Dir in aufrechter Weise geliebt werden will, so, dass noch viele Menschen dem Wort folgen und sich mit Gott versöhnen lassen.

Möge Gott uns alle dazu gebrauchen, Botschafter Christi zu sein, motiviert allein durch die Liebe Gottes.

DIE DÄMONEN DER MODERNE
DIE APOKALYPTISCHEN REITER DER JOHANNESOFFENBARUNG

Kann es sein, dass sich biblische Weissagungen vor unseren Augen erfüllen, und wir haben es gar nicht bemerkt? Der Autor ist davon überzeugt: die vier Apokalyptischen Reiter der Johannesoffenbarung haben teilweise die Welt bereits heimgesucht. Am offensichtlichsten ist dies bei den Weltkriegen. Aber auch davor und danach finden wir deutliche Zeitzeichen einer Abfolge von Ereignissen, die der Bildsymbolik der Reiter voll gerecht werden. Globalisierung ist das Stichwort. Es begann mit der Globalisierung der Ideen und führte zu den zwei WELT-Kriegen. Heute haben wir die Globalisierung auf wirtschaftlichem Gebiet, was dem dritten Reiter entspricht, und schon bald scheint sich das Blatt erneut zu wenden: Im internationalen Terrorismus tritt der vierte Reiter auf den Plan. Wenn das so ist, welche Konsequenzen haben wir zu ziehen, und gibt uns das Prophetische Wort der Bibel auch Hoffnung?

ISBN 978-3-8423-6076-1, Paperback, 200 Seiten

Weitere Informationen und Veröffentlichungen
unter www.prophetie.at